Kostenlose Online-Spiele Entdecken

Hier Erhältlich:

BestActivityBooks.com/FREEGAMES

5 TIPPS FÜR DEN ANFANG!

1) LÖSUNG DER RÄTSEL

Die Puzzles haben ein klassisches Format :

- Die Wörter sind ohne Abstand, Bindetrich usw… versteckt
- Richtung : vor-& rückwärts, auf & ab oder in der Diagonale (beider Richtungen)
- Die Wörter können übereinanderliegen oder sich kreuzen

2) AKTIVES LERNEN

Neben jedem Wort ist ein Abstand vorgesehen zum Aufschreiben der Übersetzung. Um ihre Kenntnisse zu überprüfen und zu erweitern befindet sich am Ende des Buches ein **WÖRTERBUCH**. Suchen sie die Übersetzungen, schreiben sie sie auf, dann können sie sie in den. Puzzles suchen und ihrem Wortschatz hinzufügen.

3) ANZEICHNUNG DER WÖRTER

Haben sie schon einmal versucht eine Anzeichnung zu verwenden? Sie könnten zum Beispiel die Wörter, die schwer zu finden sind, ankreuzen, die Wörter, die sie lieben, mit einem Stern, neue Wörter mit einem Dreieck, seltene Wörter mit einem Diamant usw … anzeichnen

4) IHR LERNEN ORGANISIEREN

Am Ende dieser Ausgabe bieten wir auch ein praktisches **NOTIZBUCH** an. Ob im Urlaub, auf Reisen oder zu Hause, sie können ihr neues Wissen ganz einfach organisieren, ohne ein zweites Notizbuch zu benötigen!

5) SIND SIE AM SCHLUSS ?

Gehen sie zum Bonusbereich : **MONSTER-HERAUSFÖRDERUNG,** um ein kostenloses Spiel zu finden, das am Ende dieser Ausgabe angeboten wird !

Lust auf mehr Spaß und **Lernaktivitäten? Schnell und einfach :** eine ganze Spielbuchsammlung mit einem einzigen Klick erhaltbar :

Mit diesem Link finden sie ihre nächste Herausforderung :

BestActivityBooks.com/MeineNachsteWortsuche

Achtung, fertig, …. Los !!

Wussten sie, dass es auf der Welt ungefähr 7.000 verschiedene Sprachen gibt ? Wörter sind kostbar.

Wie lieben Sprachen und haben schwer daran gearbeitet, die Bücher von höchster Qualität für sie zu entwerfen. Unsere Zutaten ?

Eine Auswahl von angepassten Lernthemen, drei große Scheiben Spaß, dann fügen wir einen Löffel schwieriger Wörter und eine Prise seltener Wörter hinzu. Wir servieren sie mit Sorgfalt und ein Maximum an Freude, damit sie die besten Wortspiele lösen und Spaß am Lernen haben.

Ihre Meinung ist wichtig. Sie können aktiv zum Erfolg dieses Buches beitragen, indem sie uns eine Bemerkung hinterlassen. Sagen sie uns, was ihnen an dieser Ausgabe am besten gefallen hat !!

Hier ist ein kurzer Link, der sie zu ihrer Bewertungsseite führt

BestBooksActivity.com/Rezension50

Vielen Dank für ihre Hilfe und viel Spaß

Linguas Classics

1 - Gesundheit und Wellness #2

```
R M A L A T T I A E R I M R O D
I A T Z U Z M Y A M N G Q X X O
S P E Y I R P K X G W E N J T Z
C P I H A Q W I H Y R Z R L X L
H E D P C Q I K Q C B D W G X E
I T E A I M O T A N A E Q R I G
B I J I T A I G R E L L A U S A
K T H A E U G N A S S P O Q T N
O O T U N T G L F S R E X R A I
S V H M E E A B A E R S E S I M
P I Y B G P S P O R Z O U A A A
E T B O C U S R K T G I U N S T
D R Q Z Y X A U Y S Y R O O Y I
A O R E O M M I G I E N E N A V
L P A U B N J T N K P E A O E G
E S Y K A T J Q S O P C Z S W X
```

ALLERGIA	INFEZIONE
ANATOMIA	CALORIA
APPETITO	OSPEDALE
SANGUE	MALATTIA
DIETA	MASSAGGIO
ENERGIA	RISCHI
GENETICA	DORMIRE
SANO	SPORTIVO
PESO	STRESS
IGIENE	VITAMINA

2 - Ozean

```
G R J T H U I E E Y R I C D S O
G R F J I E B E D O U J I Y P S
A X A L L I U G N A M F Z M L T
M M G N J A A Q O L L A R O C R
B W U Y C K W Y L N L Y E Z R I
E N R N B H P J A E I F Z T U C
R H A C R K I Q U Z N F P H W A
E K T D F F T O Q I B A L E N A
T R R Q G L M E S K K N R E X L
T F A B A R C A M A E G Z R D P
O R T M T S A L E P Q U O A O K
Z A A N O P O L P O E P T M U H
D S X U N M E D U S A S W C G G
L T Y X N F B D O M L C T B N S
H H N L O G Y Q P E S C E A E A
C C M X E S C O G L I E R A S C
```

ANGUILLA
OSTRICA
BARCA
DELFINO
PESCE
GAMBERETTO
MAREE
SQUALO
CORALLO
GRANCHIO

POLPO
MEDUSA
SCOGLIERA
SALE
TARTARUGA
SPUGNA
TEMPESTA
TONNO
BALENA
ONDE

3 - Krankheit

```
O S S A C X C U O R E H E X U I
I N F I A M M A Z I O N E B L W
B A Z T B G K O S I N D R O M E
A D K A R Z M I C S M S H F X B
T D L P E A M R S O A W T C P E
T O P O S L K A C R L P J C N
E M C R P L Y T Z H P U H R E
R I R U I E P I K O R P O T T S
I N O E R R G D E B O L E P E S
C A N N A G Y E S Z T D Y G N E
O L I N T I J R N X S Q Z P C R
U E C H O E I E C E J H J D O E
W N O H R H K P F A T S E N O Q
O U À T I N U M M I O I F S O N
J Z K B O T E R A P I A C U U X
W C O N T A G I O S O J J O F C
```

ADDOMINALE	CUORE
ALLERGIE	IMMUNITÀ
CONTAGIOSO	OSSA
RESPIRATORIO	CORPO
BATTERICO	NEUROPATIA
CRONICO	DEBOLE
INFIAMMAZIONE	SENO
EREDITARIO	SINDROME
GENETICO	TERAPIA
SALUTE	BENESSERE

4 - Meditation

```
P R O S P E T T I V A N K F O G
C Q A F H C J U X R Z A M E T R
G H B E D A C A L M A T E N B A
I E I L Y P W G H C Z U N O G T
N S N A S V E G L I O R T I N I
S Z R T R G T H S E G A E Z H T
E P L N I E A G Y K O E W A T U
G W X E H L Z F E L I C I T À D
N W S M F O E Z C K Z W M T D I
A G L B D D N Z A O N H A E E N
M I P N Z T J S Z I E L O C M E
E N O I Z N E T T A L C L C U O
N P E N S I E R I B I K D A S K
T M O V I M E N T O S Z B Z I F
I G P E R I M P A R A R E C C I
C O M P A S S I O N E Q W G A F
```

ACCETTAZIONE
ATTENZIONE
MOVIMENTO
GRATITUDINE
GENTILEZZA
PACE
PENSIERI
MENTALE
FELICITÀ
CHIAREZZA

INSEGNAMENTI
PER IMPARARE
COMPASSIONE
MUSICA
NATURA
PROSPETTIVA
CALMA
SILENZIO
MENTE
SVEGLIO

5 - Archäologie

```
A N T I C O R E G E T F A O R S
X E R O S S E F O R P C W S I C
B X E U X U L D P A E G S S C O
A K R E À T I H C I T N A A E N
T N A D U R Q O G Y N E R K R O
R E A E N H U G E H E S D Q C S
G M M L A P I G À Q D P A K A C
W J N P I I A E T C N E U Y T I
J T S I I S E T L C E R Q C O U
W N J H Y O I T I I C T S F R T
X M Z Y S I H I V A S O Q O E O
M I S T E R O O I M I S F R B K
D I S P N P B K C C D C O L I U
D I M E N T I C A T O Z S F D C
V A L U T A Z I O N E L T H L K
X W D X B B P Y T O M B A Z B R
```

ANALISI
ANTICHITÀ
VALUTAZIONE
ERA
ESPERTO
RICERCATORE
FOSSILE
MISTERO
TOMBA
OSSA

SQUADRA
DISCENDENTE
OGGETTI
PROFESSORE
RELIQUIA
TEMPIO
SCONOSCIUTO
ANTICO
DIMENTICATO
CIVILTÀ

6 - Gesundheit und Wellness #1

```
R  G  N  J  T  O  S  S  E  L  F  I  R  Z  N  M
R  I  Z  U  C  P  K  S  G  R  A  V  I  R  U  S
T  B  L  M  B  K  O  L  Q  Y  M  B  W  Z  T  D
O  X  N  A  I  P  A  R  E  T  E  K  U  F  J  A
O  E  D  H  S  A  F  A  R  M  A  C  I  A  L  O
U  R  G  F  W  S  C  L  I  N  I  C  A  S  N  V
Y  J  M  X  G  S  A  G  G  B  A  T  T  E  R  I
H  W  W  O  B  O  M  M  F  L  U  G  W  G  E  T
P  K  W  Q  N  C  Z  J  E  N  O  I  S  E  L  T
A  E  Z  H  C  I  V  R  E  N  O  U  M  A  C  A
Y  M  L  S  S  D  R  U  T  S  T  C  M  L  U  K
Q  X  L  L  I  E  Q  C  J  W  D  O  M  T  S  L
R  W  K  F  E  M  E  D  I  C  I  N  A  E  J  C
A  B  I  T  U  D  I  N  E  E  O  F  S  Z  G  S
F  R  A  T  T  U  R  A  Y  T  Q  G  E  Z  U  U
T  R  A  T  T  A  M  E  N  T  O  F  G  A  J  B
```

ATTIVO	ALTEZZA
FARMACIA	FAME
MEDICO	CLINICA
BATTERI	OSSA
TRATTAMENTO	MEDICINA
RILASSAMENTO	NERVI
FRATTURA	RIFLESSO
ABITUDINE	TERAPIA
PELLE	LESIONE
ORMONI	VIRUS

7 - Obst

```
U R D B C M T P K O M I R J P U
J J C A P I O R Z L E A P T R L
W X F C I F L R J M L L C I U A
Q F J C B I W I A U O L C W G M
W I X A C S E P E I N P D S N P
N E T T A R I N A G E A E E A O
K N Z E I R U Z B Q I N C M I N
H O P A C C O C I B L A S J A E
Q M A N N I R K W O Y P I Y P W
J I Y E A C C P Y D G N Z G A T
S L E B R A W K B A N A N A P O
X G R G A K Z M Y C L R X N K S
A G B D T I T M A O A E N G G E
N B O Z C W I Q Y V N P M B A J
U V A G S I B W E A A N A N A S
O Z L X Z N O C E D I C O C C O
```

ANANAS	KIWI
MELA	NOCE DI COCCO
ALBICOCCA	MELONE
AVOCADO	NETTARINA
BANANA	ARANCIA
BACCA	PAPAIA
PERA	PESCA
MORA	PRUGNA
LAMPONE	UVA
CILIEGIA	LIMONE

8 - Universum

```
A O B A E C E M I S F E R O E O
E R B M Q X N J L Y G I H L N Y
A I S S A L A G A Q G D G U I W
A Z I L A T I B R O A U T B D N
X Z A A S S W H Y L L U N A U L
C O S T T O X G F Y Z S O N T K
I N T I R L T E L E S C O P I O
E T E T O S R R L C B U I O G L
L E R U N T F O E I O H U I N L
O L O D O I Q T L R B S E U O M
G K I I M Z J A G S Q I M J L P
M W D N I I A U E O N E S I J C
R T E E A O B Q G D P J D I C X
Z O D I A C O E F C B F Z C V O
A T M O S F E R A Q W T H H H H
U Y T K X J E A S T R O N O M O
```

ASTEROIDE
ASTRONOMO
ASTRONOMIA
ATMOSFERA
EONE
EQUATORE
LATITUDINE
BUIO
GALASSIA
EMISFERO

CIELO
ORIZZONTE
COSMICO
LONGITUDINE
LUNA
ORBITA
VISIBILE
SOLSTIZIO
TELESCOPIO
ZODIACO

9 - Camping

```
O T N E M I T R E V I D E D Z F
U I A R U T N E V V A D R O C R
M J T W E O S F T E N D A U I J
Z O U D Z L C I O C O U F D O X
C M R O W L O Z G R O U F X I B
A A A N R E T N A L E S N X A C
X N K U W P T A L O S S U B M L
M G I N N P E I J O T O T I A U
X A H M Y A S Z J A I C C A C N
P T P U A C N H Z B R U O G A A
L N B P S L I R C T Z R C U O L
S O Y N A N I B A C T Z A A Q C
E M F M Q H A R F P H I N N W H
I W R I Q Q E H Z W S A O I O E
S W B L D I Z G F W R B A G E B
D Y Z Q F L U R T W X H G M O S
```

AVVENTURA	BUSSOLA
MONTAGNA	LANTERNA
FUOCO	LUNA
AMACA	NATURA
CAPPELLO	LAGO
INSETTO	CORDA
CACCIA	DIVERTIMENTO
CABINA	ANIMALI
CANOA	FORESTA
MAPPA	TENDA

10 - Zeit

```
S A T W D B N J D Y Z S H W Y A
E N X B L E O R A N I T T A M N
T N Q M H S C G I O R N O M D N
T O I E X E A E D B N P M I C U
I N W Z S M O T N E M O M R S A
M T P Z Q A L T D N J I P P L L
A X P O P O D O W P I G J L J E
N H U G L P W N O F P O Z P O P
A Z N I O I R A D N E L A C M L
Z W T O G L Y J Y B W O R Y I O
U W K R G D O D J F F R Z D N F
Z R S N I B N C J Z U O P P U Z
J A N O B A M F E B T I F X T U
I G U J K N W J H S U N E W O X
U A H Z M G P P B C R N H R H D
I D R Y A B U I N I O Y T S I G
```

IERI	MESE
OGGI	MATTINA
ANNO	DOPO
SECOLO	NOTTE
DECENNIO	ORA
ANNUALE	GIORNO
CALENDARIO	OROLOGIO
MINUTO	PRIMA
MEZZOGIORNO	SETTIMANA
MOMENTO	FUTURO

11 - Säugetiere

```
O G J P L R H E Z O B G O C E G
E I L E P A B Z J H L U J A D I
Y R C A S T O R O Z Z N J N J H
Z A M R E T N A F E L E F E B F
N F D B T C O Z C N W O J Q Z B
M F U E O O H R P A N T E R A I
R A F Z Y K J I O R U G N A C C
C A S K O E X U A S J O F R E A
Z Z T E C O Q D I N C R O O P V
B P R T W A B P M T E I R C W A
R N Q A O U E Q M G N L P E E L
T I G R E F R H I Y O L A P U L
L U P O A E Q G C R E A I B W O
L H O R S O W Y S F L V O L P E
H K D U S P J R X D L S T A E Y
I N O S Z G W L G B W Y N W O T
```

SCIMMIA	LEONE
ORSO	PANTERA
CASTORO	CAVALLO
ELEFANTE	RATTO
VOLPE	PECORA
GIRAFFA	TORO
GORILLA	TIGRE
CANE	BALENA
CANGURO	LUPO
COYOTE	ZEBRA

12 - Algebra

```
B  T  T  R  R  I  M  S  C  R  P  S  T  C  E  E
U  F  Q  C  B  Y  À  O  M  Y  I  K  C  C  S  R
B  G  F  F  R  Q  A  T  O  Q  Q  F  Z  A  P  A
Z  Z  S  A  P  A  O  T  I  N  I  F  N  I  O  C
D  C  W  L  M  Y  E  R  O  T  T  A  F  L  N  I
U  I  D  S  I  I  J  A  A  D  N  F  U  P  E  F
Y  P  A  O  U  K  R  Z  B  L  P  A  P  C  N  I
L  P  X  G  E  Y  H  I  E  O  Q  O  U  X  T  L
Q  I  K  Q  R  E  N  O  I  Z  A  R  F  Q  E  P
M  E  N  E  U  A  E  N  N  U  M  E  R  O  G  M
A  X  G  E  O  R  M  E  N  O  I  Z  A  U  Q  E
T  M  C  E  A  L  U  M  R  O  F  I  E  K  F  S
R  K  G  J  M  R  B  W  A  M  E  L  B  O  R  P
I  F  E  F  M  G  E  R  E  V  L  O  S  I  R  P
C  L  L  S  O  L  U  Z  I  O  N  E  J  S  Y  J
E  N  W  W  S  N  C  V  A  R  I  A  B  I  L  E
```

FRAZIONE
DIAGRAMMA
ESPONENTE
FATTORE
FALSO
FORMULA
EQUAZIONE
LINEARE
RISOLVERE
SOLUZIONE

MATRICE
QUANTITÀ
ZERO
NUMERO
PROBLEMA
SOTTRAZIONE
SOMMA
INFINITO
VARIABILE
SEMPLIFICARE

13 - Philanthropie

```
O  L  S  J  B  X  Z  O  W  X  M  F  C  F  C  G
B  N  T  P  N  A  Z  N  A  N  I  F  T  A  A  R
I  G  O  R  Ù  T  N  E  V  O  I  G  F  P  R  U
E  D  R  O  L  S  F  S  D  N  U  K  T  D  I  P
T  G  I  G  U  I  À  T  I  N  U  M  O  C  T  P
T  P  A  R  T  E  D  À  T  I  N  A  M  U  À  I
I  I  Q  A  K  H  R  I  L  B  G  Z  Y  F  N  B
V  P  F  M  G  E  N  E  R  O  S  I  T  À  N  I
I  X  J  M  R  L  U  P  U  B  B  L  I  C  O  S
D  G  M  I  F  O  P  J  Y  G  X  I  A  D  R  O
C  O  L  D  Y  O  P  E  R  S  O  N  E  O  W  G
S  C  N  O  O  I  N  I  B  M  A  B  I  T  P  N
Y  B  A  A  B  U  G  D  D  E  E  D  J  F  Y  O
Q  H  S  Q  R  A  Z  F  I  T  T  A  T  N  O  C
S  H  E  Q  D  E  L  H  Y  O  N  L  G  D  A  R
S  Q  N  L  J  E  W  E  N  O  I  S  S  I  M  O
```

BISOGNO   CONTATTI
ONESTÀ   PERSONE
FINANZA   UMANITÀ
COMUNITÀ   MISSIONE
STORIA   FONDI
GLOBALE   CARITÀ
GENEROSITÀ   PUBBLICO
GRUPPI   PROGRAMMI
GIOVENTÙ   DONARE
BAMBINI   OBIETTIVI

14 - Diplomatie

```
S O L U Z I O N E T O C F C Q T
U M A N I T A R I O A Q E I C R
B Z S G I U S T I Z I A T T M A
Y I J Q I D L X F J R S I T J T
R F A T A I C S A B M A C A R T
C F I C A S S F C U F M A D N A
O G N Y O C I T A M O L P I D T
N O T E C U N A R T O O C N W O
S V E Q H S N M H A X L I I M J
I E G B L S R M U C N W B B N Z
G R R A C I T I L O P I I Y E A
L N I X O O L I N G U E E N B H
I O T T P N D N K F O Q R R Y U
E D À S Z E C O M U N I T À O U
R N X A M B A S C I A T O R E Q
E F Y I H H B C O N F L I T T O
```

STRANIERO
CONSIGLIERE
AMBASCIATA
AMBASCIATORE
CITTADINI
DIPLOMATICO
DISCUSSIONE
ETICA
COMUNITÀ

GIUSTIZIA
UMANITARIO
INTEGRITÀ
CONFLITTO
SOLUZIONE
POLITICA
GOVERNO
LINGUE
TRATTATO

15 - Astronomie

```
S K J A N U L M E T E O R A I F
A T Y A S S B R L T K G M Z Z K
T O X H L T S J A J R Q B T R P
E E J Y O I R O T A V R E S S O
L S T E L L A O P I A N E T A M
L S M W R S R M N C O M E T A O
I I Y I R S R S F A N G B S A N
T M X G W R E O I A U R A Z Z O
E N B R Z T T C K S C T U A P R
N E B U L O S A K T C I A R H T
S U P E R N O V A E G Z E L F S
F B R P C E E I M R M A M L O A
U N I V E R S O Q O C A I D O Z
B D L F P W I A T I N O O W G Y
C E D B I D P W X D G Z C R X U
U K X O I P O C S E L E T X N X
```

ASTEROIDE	OSSERVATORIO
ASTRONAUTA	PIANETA
ASTRONOMO	RAZZO
TERRA	SATELLITE
CIELO	STELLA
COMETA	SUPERNOVA
COSMO	TELESCOPIO
METEORA	ZODIACO
LUNA	UNIVERSO
NEBULOSA	

16 - Ballett

```
H  M  P  B  L  B  C  U  A  T  E  C  N  I  C  A
X  U  S  U  C  À  T  I  S  N  E  T  N  I  M  F
N  S  J  N  B  W  U  R  S  E  H  E  O  E  Q  N
G  I  C  P  A  B  D  D  O  W  R  P  R  O  V  A
U  C  O  F  F  R  L  A  L  L  I  C  B  S  O  N
G  A  V  K  M  E  T  I  O  K  T  O  A  O  R  I
M  E  I  M  T  K  R  F  C  G  M  M  L  I  C  R
Z  U  S  B  P  W  D  A  M  O  O  P  L  Z  H  E
E  H  S  T  I  À  R  R  K  S  T  O  E  A  E  L
N  A  E  C  O  T  L  G  X  U  T  S  R  R  S  L
H  M  R  C  O  I  H  O  Y  A  A  I  I  G  T  A
Z  K  P  M  W  L  D  E  L  L  C  T  N  S  R  B
M  I  S  A  W  I  I  R  H  P  L  O  I  T  A  F
D  A  E  F  R  B  C  O  J  P  W  R  U  I  F  F
P  H  Q  C  L  A  H  C  E  A  J  E  S  L  J  B
M  O  A  R  T  I  S  T  I  C  O  M  B  E  M  Q
```

GRAZIOSO
APPLAUSO
ESPRESSIVO
BALLERINA
COREOGRAFIA
ABILITÀ
GESTO
INTENSITÀ
COMPOSITORE
ARTISTICO

MUSICA
MUSCOLI
ORCHESTRA
PROVA
PUBBLICO
RITMO
ASSOLO
STILE
BALLERINI
TECNICA

17 - Geologie

```
M O C C O R A L L O N A P A M D
Z U A V A L E M O I S U I L R A
C U V N P I E T R A X T I T M H
R R E P O O L S Q L C S B O I B
E A R B Q Z A A L H S X Z P N D
S E N O E Y S H P Y A R E I E N
Y T A I E R O S I O N E I A R P
E I A C O N T I N E N T E N A F
G T C L F P K U W K Q S P O L U
I T S A A O Z R A U Q H O D I S
Q A M C R G S V U L C A N O S O
D L I W D S M S R L H C J D Q T
X A M U D X Z I I I O L F I H G
O T O M E R R E T L E N U C G E
U S W K A J Y A P I E S U A N M
R J E H M E N Q K U N T A I B L
```

TERREMOTO
EROSIONE
FOSSILE
FUSO
GEYSER
CAVERNA
CALCIO
CONTINENTE
CORALLO
LAVA

MINERALI
ALTOPIANO
QUARZO
SALE
ACIDO
STALAGMITI
STALATTITE
PIETRA
VULCANO
ZONA

18 - Wissenschaft

```
B D G H B C Q T H T P K M E F N
F I S I C A L G B P I B I V O L
À T I V A R G I K Z A S N O S Q
M A O P D S R K M A N O E L S J
L D T W O S G B J A T R R U I T
L P N N T T L W T E G A Z L B
Y I E G T M E G G C H A L I E S
B P M K A N B S M Q Y N I O F C
B P I H F H Z Z I J S I M N U I
P A R T I C E L L E F S O E Z E
T F E A N A T U R A A M L S Y N
N H P Z T M E T O D O O E T U Z
B N S G O O K T Y E O E C G Z I
E B E F N I M N S H S U O D H A
C H I M I C O O S W P E L D G T
L A B O R A T O R I O S E L K O
```

ATOMO
CHIMICO
DATI
EVOLUZIONE
ESPERIMENTO
FOSSILE
IPOTESI
CLIMA
LABORATORIO
METODO

MINERALI
MOLECOLE
NATURA
ORGANISMO
PARTICELLE
PIANTE
FISICA
GRAVITÀ
FATTO
SCIENZIATO

19 - Bildende Kunst

```
P X G K Z E O D N D Y M F D F G
R Z P I T T U R A N K Y I G O R
O E N O B R A C C E R A L B T L
S C A V A L L E T T O O M F O R
P I P E N N A L U N H N M C G Z
E N C O A R U T T E T I H C R A
T R A K T M C P S H Z P J N A C
T E P C S E A R Q P Z M K Y F I
I V O O I S J T E L O A A H I M
V B L I T R M T I A T T Q R A A
A X A K R B R G T T T S D R G R
B X V Y A L L I G R A I C L C E
I F O S S E G P G D R D V G K C
Q J R I X S J X R S T S G I S G
D S O Q L E Z T X K I D Y C T S
S C U L T U R A A S R W F R X À
```

ARCHITETTURA
MATITA
FILM
FOTOGRAFIA
PITTURA
CARBONE
CERAMICA
CREATIVITÀ
GESSO
ARTISTA

VERNICE
CAPOLAVORO
PROSPETTIVA
RITRATTO
STAMPINO
SCULTURA
CAVALLETTO
PENNA
ARGILLA
CERA

20 - Sport

```
N C O U K G M P E N W G J J N R
U I B J S N D U B B A C I B D E
T C I H U I X N S C A G K D S S
R L E B N G E R E C Y R T I A I
I I T R I G À A E S O S J E L S
Z S T S P O R T I V O L A T U T
I M I M S J T E I T S X I A T E
O O V G N Q F L M C N W Q K E N
N C O R J L Q T G M A Z R O F Z
E O O H O J H A T K M P Q Q U A
N U O T A R E J D A N Z A S S O
P R O G R A M M A X I W J C W L
W G S I Z N A L L E N A T O R E
M A S S I M I Z Z A R E C S W Y
M E T A B O L I C O X I B J A E
B N E C U O C O R P O I S P Z G
```

ATLETA
RESISTENZA
DIETA
NUTRIZIONE
CAPACITÀ
SALUTE
JOGGING
OSSA
CORPO
MASSIMIZZARE

METABOLICO
MUSCOLI
PROGRAMMA
CICLISMO
NUOTARE
SPORTIVO
FORZA
DANZA
ALLENATORE
OBIETTIVO

21 - Mythologie

```
X  O  I  O  T  N  E  M  A  T  R  O  P  M  O  C
C  Z  R  Z  M  L  J  O  W  W  F  T  Y  L  O  A
A  R  T  U  O  N  O  S  X  F  R  B  B  T  O  Y
G  F  E  H  O  I  C  T  K  M  A  B  Y  P  T  L
U  U  I  A  T  À  T  R  Y  R  C  T  J  C  N  S
E  L  E  T  Z  T  M  O  E  L  D  M  K  W  I  S
R  M  L  T  C  I  D  O  P  I  T  E  H  C  R  A
R  I  S  E  A  L  O  I  R  G  E  L  O  S  I  A
I  N  S  D  F  A  S  N  S  T  M  I  O  X  B  C
E  E  K  N  W  T  I  A  E  A  A  M  J  E  A  R
R  W  E  E  W  D  W  W  Z  S  L  N  R  L  E  E
O  P  U  V  T  O  A  Q  G  R  O  T  E  O  T  A
H  S  U  O  T  M  R  M  L  O  I  X  R  E  I  T
L  G  J  G  F  M  A  M  Y  F  M  S  I  O  S  U
L  G  P  K  W  I  P  M  A  G  I  C  O  M  P  R
L  E  G  G  E  N  D  A  R  U  T  L  U  C  L  A
```

ARCHETIPO
FULMINE
TUONO
GELOSIA
EROE
PARADISO
DISASTRO
CREAZIONE
CREATURA
GUERRIERO

CULTURA
LABIRINTO
LEGGENDA
MAGICO
MOSTRO
VENDETTA
FORZA
MORTALE
IMMORTALITÀ
COMPORTAMENTO

22 - Restaurant #2

```
B E V A N D A C N X F L P D P K
F I N T I J C Q A A Z Z E Y L O
O Z X T M D T W D M E U S Z U B
R E P U Q P E L A S E E C N Y C
C P T R E Y R S O G M R E H B T
H S F F B R T A U Q C A I P M P
E J W K E V J T N N Y P H E I W
T X L H O E Z A N Z J E T Y R L
T E A C I R A L J S O R G Q F E
A Z G L A D L A S W P I C E N A
G H H N I U H S R E A T R O T P
O G M C H R D N O A O I C B Q P
U O V A C E S I Q I J V R Z I I
G H I A C C I O K D N O X H G C
I N L X U D E L I Z I O S O X B
Y U R R C M I N E S T R A M R L
```

CENA
UOVA
GHIACCIO
PESCE
FRUTTA
FORCHETTA
VERDURE
BEVANDA
SPEZIE
CAMERIERE

DELIZIOSO
TORTA
CUCCHIAIO
PRANZO
INSALATA
SALE
SEDIA
MINESTRA
APERITIVO
ACQUA

23 - Ökologie

```
V  M  W  C  Q  R  M  Q  S  S  I  C  C  I  T  À
S  E  D  U  L  A  P  F  A  U  N  A  J  R  I  U
N  O  G  A  J  T  C  A  I  H  A  E  P  A  T  Y
P  Z  P  E  N  G  A  T  N  O  M  A  G  T  P  K
F  E  F  R  T  F  Y  R  A  J  I  T  Q  N  C  Q
P  L  J  D  A  A  N  U  K  E  L  A  B  O  L  G
W  T  O  N  L  V  Z  E  A  H  C  I  S  L  C  T
Y  L  R  R  Y  B  V  I  B  N  O  Y  Z  O  H  À
J  O  T  I  A  W  J  I  O  A  Z  D  Z  V  S  T
C  O  M  U  N  I  T  À  V  N  J  A  P  F  O  I
H  A  B  I  T  A  T  A  B  E  E  I  C  E  P  S
M  A  R  I  N  O  C  K  K  X  N  U  C  T  Z  R
S  O  S  T  E  N  I  B  I  L  E  Z  F  N  A  E
N  A  T  U  R  A  L  E  Z  W  I  T  A  A  B  V
N  A  T  U  R  A  R  I  S  O  R  S  E  I  G  I
O  O  T  N  M  T  Q  T  I  H  S  O  B  P  O  D
```

SPECIE	MARINO
MONTAGNE	SOSTENIBILE
SICCITÀ	NATURA
FAUNA	NATURALE
FLORA	PIANTE
VOLONTARI	RISORSE
COMUNITÀ	PALUDE
GLOBALE	SOPRAVVIVENZA
CLIMA	VEGETAZIONE
HABITAT	DIVERSITÀ

24 - Schokolade

```
W R B K H Y R E A Q R T I T D A
J X E T N E I D E R G N I N O R
T X A J O O C I T O S E G P L T
Y P M H S T E R A I G N A M C I
A M A R O S T P O L V E R E E G
N P C Y I U T C J X X N G Z Z I
X R A X Z G A P A S U M M M U A
C C C T I G N O I L R U K N C N
F L A Z L A R O M A O U W Z C A
T I O P E Z M U F P A R A P H L
U L A I D A B T A D I F I S E E
B R A M A S Z O T I R E F E R P
A N T I O S S I D A N T E P O S
N O C E D I C O C C O Y J R X M
P T H I Q U W L Q U A L I T À G
C A R A M E L L O I N G Y J M K
```

ANTIOSSIDANTE	CARAMELLO
AROMA	NOCE DI COCCO
AMARO	DELIZIOSO
MANGIARE	POLVERE
ESOTICO	QUALITÀ
PREFERITO	RICETTA
GUSTO	DOLCE
ARTIGIANALE	BRAMA
CACAO	ZUCCHERO
CALORIE	INGREDIENTE

25 - Boote

```
N F U C Q Z W H K Y A O N A C L
M F A A R E T T A Z N G I N A D
A G R D L W P M Y G C A N J D E
R O Q R T E B R A N O L M S X K
I N B O U P V F K E R O T O M E
N A W C J L J A T G A D O C K W
A E Y E Q U I P A G G I O I Q W
I C M P H F U Q E C O I O T Q S
O O J S Q X I Z M A R E A U H N
Y A C H T P H U R G E A D A I A
D B S R R S O A M I B S B N M K
T R A G H E T T O E L Z U S J O
G M D N F H P T U D A U O H Y U
Z H O N D E R D Z W S A O D K G
O P I B H Y T A R D H F I R G J
A J U Z U Z G Y E A M O B C P X
```

ANCORA	MARE
BOA	MOTORE
EQUIPAGGIO	NAUTICO
DOCK	OCEANO
TRAGHETTO	LAGO
ZATTERA	MARINAIO
FIUME	BARCA A VELA
KAYAK	CORDA
CANOA	ONDE
ALBERO	YACHT

26 - Stadt

```
O R O T R O P O R E A C N A B B
M H O D N E M A F R Q T O G U R
G N Z I I L E C N A S C U O L A
L A I A P X R I F E R D L O T S
Q L L M G X C N I Z T M O T A A
S S C L R U A I O O D T A A P Z
L W W G E U T L R T L C E C I G
M X U C L R O C I X O Y F R I B
C I N E M A I Z S F G R N E I A
Z D G I N J J A T H A A I M S A
L I B R E R I A A U T K I R X B
U N I V E R S I T À E N T E K C
Q N J Z O L B O I D A T S P L A
U U H Y M H O T E L T D C U T J
R I S T O R A N T E R H L S E H
B I B L I O T E C A O E S U M C
```

FARMACIA	CLINICA
BANCA	MERCATO
PANETTERIA	MUSEO
BIBLIOTECA	RISTORANTE
FIORISTA	SCUOLA
LIBRERIA	STADIO
AEROPORTO	SUPERMERCATO
GALLERIA	TEATRO
HOTEL	UNIVERSITÀ
CINEMA	ZOO

27 - Aktivitäten

```
A C S E P G E E K M C G P C C E
R T L E T T U R A A E I S A A S
S I T E S C E E K G R A T C M C
R P L I E A D C M L A R E C P U
L P Y A V L E A A I M D M I E R
F G D S S I M I G E I I P A G S
Y M A B X S T P I R C N O G G I
U D N O K H A À A I A A L A I O
P I T T U R A M S A T G I R O N
C I L A X E P A E Z O G B T Z I
W U S H Q T O D Q N E I E E U N
U T C S N N Z J J A T O R K U J
X H K I O F B N E D O O O C D J
A I F A R G O T O F T M P R H M
X N S W M E G I O C H I N T Y H
A R T I G I A N A T O L F Z O D
```

ATTIVITÀ
PESCA
CAMPEGGIO
RILASSAMENTO
FOTOGRAFIA
TEMPO LIBERO
GIARDINAGGIO
PITTURA
CACCIA
CERAMICA

ARTE
ARTIGIANATO
LETTURA
MAGIA
CUCIRE
GIOCHI
MAGLIERIA
DANZA
PIACERE
ESCURSIONI

28 - Bienen

```
J À E C O S I S T E M A P X W B
F T S U O M I A I K M M I C T E
U I C S P D Z N L G U P A A S N
Y S O K G M O I T V Z M N J G E
R R N R C E B G A H E T T Z E F
F E W F I F I E X I L A E E K I
J V C F T R H R W A E T R B S C
D I Y Y I B E A L I I I B E C O
J D A L F O C I B O M B G N I J
F R U T T A R E C L Q A F I A Z
I N S E T T O I U C Q H P L M H
C A P L G I A R D I N O O L E P
K U L O S P B L C D P C J O B D
I W O S F U M O A F C U G P T P
L Y U B N H Z U S Z Q A D Y D D
E G N S O W N N I H F A N M S Z
```

ALVEARE
FIORI
FIORIRE
CIBO
ALI
FRUTTA
GIARDINO
MIELE
INSETTO
REGINA

HABITAT
ECOSISTEMA
PIANTE
POLLINE
FUMO
SCIAME
SOLE
DIVERSITÀ
BENEFICO
CERA

29 - Wissenschaftliche Disziplinen

```
B I O L O G I A A T I A G T G D
P W K X I N O A C H A C A E E O
N E U R O L O G I A I I I R O T
Z O O L O G I A T M M N G M L W
W Z M K E L N L S C O A O O O Y
A C I M I H C O I B N T L D G S
Q C T I C A H J U G O O A I I U
G I F R H I W Q G P R B R N A C
G D O F G G T C N N T S E A A H
A I G O L O C E I Z S C N M U I
U U C U U L A J L F A A I I G M
I M M U N O L O G I A J M C Q I
T R U P S I C O L O G I A A Y C
B F P G Z C M E C C A N I C A A
P C A I G O L O I S E N I K H S
F U T Y J S F I S I O L O G I A
```

ANATOMIA	MECCANICA
ASTRONOMIA	MINERALOGIA
BIOCHIMICA	NEUROLOGIA
BIOLOGIA	ECOLOGIA
BOTANICA	FISIOLOGIA
CHIMICA	PSICOLOGIA
GEOLOGIA	SOCIOLOGIA
IMMUNOLOGIA	TERMODINAMICA
KINESIOLOGIA	ZOOLOGIA
LINGUISTICA	

30 - Vögel

```
P H W C R A S K M K Q C K E O C
P I W Z I A I R O N E O R I S U
A O N G I C E Q U T P R F M N C
V Y A G X P O T B A O V T U K U
O N A C U T I G K R L O N J G L
N G A R L I G R N T L N Z N C O
E M A Y Z F N B E A O A C O B F
J M L D L A J O E N O I C C I P
P E L L I C A N O A S B I T Y W
F E N I C O T T E R O B C D D K
T T M K H R E S F G B A W W J G
A F I O C E P E B D O G B J G N
Z C A Z O S P A P P A G A L L O
J B U T Q S C N H U E B A B Y K
T C Y K R A A Q U I L A O S G D
X T Q W C P G U O V O C J Z U A
```

AQUILA	PELLICANO
UOVO	PAVONE
ANATRA	PINGUINO
GUFO	CORVO
FENICOTTERO	AIRONE
OCA	CIGNO
POLLO	PASSERO
CUCULO	CICOGNA
GABBIANO	PICCIONE
PAPPAGALLO	TUCANO

31 - Biologie

```
C F O T O S I N T E S I R S E D
A O Q Z C R O M O S O M A I V U
K Y L S I M B I O S I U N N O S
H N O L E N Z I M A C P I A L H
K E B S A I M O T A N A E P U E
L U U M M G W M U T D R T S Z Q
B R H R C O E N O M R O O I I Q
W O I H E M S N R Y S N R G O G
L N R A N S B I E A N M P T N T
Z E D F O G F M F L Y Q N C E B
R E T T I L E N I U A T G E L J
C T I A Z H K E M L J R T O X D
K N H Z A F W R M L B U U D Y S
M A J O T N G V A E Q C G T S P
C I I D U X S O M C G M L P A K
L P N L M E M B R I O N E P R N
```

ANATOMIA
CROMOSOMA
EMBRIONE
ENZIMA
EVOLUZIONE
ORMONE
COLLAGENE
MUTAZIONE
NATURALE
NERVO

NEURONE
OSMOSI
PIANTE
FOTOSINTESI
PROTEINA
RETTILE
MAMMIFERO
SIMBIOSI
SINAPSI
CELLULA

32 - Garten

```
A O Y N P T G B F J X Z S G F U
S T A G N O R A C N A P C I R F
Q A O R E B L A R F X A Q A U P
E R B A A U K Q M A G L K R T W
P P N Z W T F F P P G A B D T S
R O L L E R T S A R O E C I E C
E L R K X F I O R E N L N N T M
W O Y T A M A C A K N D I O O J
R U H E I R E C I N T O T N Q M
S S N R N C T E R R A Z Z A O B
I N K B E K O Y I G K I B U F D
T T F A S H W R W D X K H M B E
S A W C B R M R T M H E Y H A O
F T S C I W Y R W F N O I X Q L
P J O E A E I F Q R O U A H W O
C E S P U G L I O I F W P T B A
```

PANCA	PRATO
ALBERO	RASTRELLO
FIORE	PALA
SUOLO	TUBO
CESPUGLIO	STAGNO
GARAGE	TERRAZZA
GIARDINO	TRAMPOLINO
ERBA	ERBACCE
AMACA	PORTICO
FRUTTETO	RECINTO

33 - Antarktis

```
M C M E T E O Z C G E C T R E T
P O E N O I Z I D E P S I I H O
Q N L E S F B X S O N D G C A P
Q S I H O F S P L G Y X H E M O
E E M E I I X E J R O M I R I G
A R I K C L M N S A M W A C G R
R V N H C Z K I O F N Y C A R A
U A E I O O B S E I J F C T A F
T Z R X R D I O A A T Y I O Z I
A I A B O U U L C M A N O R I A
R O L R Q X Z A I B B C E E O Y
E N I A I C C A I H G I Q V N S
P E T N E N I T N O C Q E U E R
M R X O T U C C E L L I O N A S
E S C I E N T I F I C O F N T M
T S F D D W N T X K T Y C D Q E
```

BAIA
GHIACCIO
CONSERVAZIONE
SPEDIZIONE
ROCCIOSO
RICERCATORE
GEOGRAFIA
GHIACCIAI
PENISOLA
CONTINENTE

MIGRAZIONE
MINERALI
TEMPERATURA
TOPOGRAFIA
AMBIENTE
UCCELLI
ACQUA
METEO
VENTI
SCIENTIFICO

34 - Fahren

```
P C Z L T G E A I V S A K O T W
S O A P P A M U Y E I T T S R I
U E L R D S E T F L C T H X A N
D R Q I B R Z O N O U E O B F U
H R U T Z U C F U C R N L L F S
S O L O C I R E P I E Z I I I M
Y O C N U P A A I T Z I C Y C O
A U T O B U S O N À Z O E X O T
I N C I D E N T E T A N N I F O
X X Z M I L W R R I E E Z I Y S
G R W A E Q G O F U Q R A A Z L
A Y F C M T F P D M P G O C H D
R E W K B Y S S H M J D S T A M
A I H N X W G A Y R U X T U O L
G O Q F X K B R W X B G C S F M
E O R G F R P T M T U N N E L X
```

AUTO	CAMION
FRENI	MOTORE
CARBURANTE	MOTO
AUTOBUS	POLIZIA
GARAGE	SICUREZZA
GAS	TRASPORTO
PERICOLO	TUNNEL
VELOCITÀ	INCIDENTE
MAPPA	TRAFFICO
LICENZA	ATTENZIONE

35 - Physik

```
C K I U X Z Q N K A E B P W A U
P G H E R Q L G J S P M C E W N
A R T R A S N C A M Z A D F A I
N J N X L O Y A C O B G Y R E V
R D D W L H M L I L E N L E N E
E E R A E L C U N E P E U Q O R
R S L Z C R I M A C C T V U I S
O A P A I U O R C O A I E E Z A
T G J E T M N O C L O S L N A L
O F H P R I A F E A S M O Z R E
M O U D A I V S M Y B O C A E B
H X U Z P H M I S W K X I G L H
C H I M I C O E T A B A T N E P
D E N S I T À K N À Q R À B C H
I L O T A E N O R T T E L E C A
T J U R P W H P X D O M O T A R
```

ATOMO	VELOCITÀ
ACCELERAZIONE	MAGNETISMO
CAOS	MASSA
CHIMICO	MECCANICA
DENSITÀ	MOLECOLA
ELETTRONE	MOTORE
ESPERIMENTO	NUCLEARE
FORMULA	PARTICELLA
FREQUENZA	RELATIVITÀ
GAS	UNIVERSALE

36 - Bücher

```
H  J  Z  Z  C  E  J  P  R  O  K  U  C  E  E  E
U  I  N  P  X  K  P  R  O  Z  N  A  M  O  R  P
J  X  À  O  Z  S  M  I  C  E  I  R  E  S  I  I
L  E  T  T  E  R  A  R  I  O  S  H  T  S  N  C
A  N  I  S  R  B  I  L  T  K  Y  I  N  T  V  O
V  O  L  E  O  O  R  E  S  X  B  F  A  O  E  T
V  I  A  T  T  U  O  P  I  D  M  J  V  R  N  T
E  Z  U  N  A  T  T  S  R  R  T  T  E  I  T  I
N  E  D  O  R  T  S  I  O  B  L  Y  L  C  I  R
T  L  J  C  R  R  B  Z  M  A  E  W  I  O  V  C
U  L  U  A  A  A  S  I  U  U  H  B  R  H  O  S
R  O  R  K  N  G  E  Q  W  T  P  A  G  I  N  A
A  C  F  R  U  I  D  U  G  O  A  U  U  G  I  Z
I  W  Y  G  D  C  C  C  X  R  W  X  I  B  I  C
Q  L  I  J  B  O  C  C  T  E  R  O  T  T  E  L
G  R  F  R  T  N  L  S  O  O  Y  T  W  H  X  G
```

AVVENTURA	COLLEZIONE
AUTORE	CONTESTO
DUALITÀ	LETTORE
EPICO	LETTERARIO
INVENTIVO	POESIA
NARRATORE	RILEVANTE
STORIA	ROMANZO
SCRITTO	PAGINA
STORICO	SERIE
UMORISTICO	TRAGICO

37 - Menschlicher Körper

```
P  S  N  L  X  T  F  B  I  I  C  A  C  W  Y  C
A  E  A  T  S  E  T  L  R  J  P  D  C  R  J  A
Y  Y  L  N  Z  K  W  D  M  L  P  H  B  X  B  V
U  H  Y  L  G  S  U  M  S  G  A  H  F  H  M  I
F  G  G  G  E  U  R  N  W  W  B  M  A  N  O  G
D  O  S  A  N  Q  E  R  O  U  C  B  L  F  I  L
O  T  N  E  M  G  O  M  I  T  O  O  L  A  H  I
L  I  D  W  B  B  D  Q  G  J  M  C  A  C  C  A
L  D  F  D  P  A  A  E  I  F  A  C  P  C  C  U
O  B  F  U  Y  Q  F  N  N  Y  S  A  S  I  E  G
C  E  B  M  F  F  Y  C  O  K  C  M  B  A  R  N
Y  A  C  U  O  S  Y  U  C  U  E  S  P  I  O  I
D  H  Y  A  D  Z  B  D  C  A  L  M  G  U  U  L
K  F  W  F  A  D  W  O  H  L  L  I  E  U  I  L
T  A  G  C  K  U  M  M  I  S  A  X  F  R  U  I
C  E  R  V  E  L  L  O  O  U  B  B  J  L  W  D
```

GAMBA	MASCELLA
SANGUE	MENTO
GOMITO	GINOCCHIO
DITO	CAVIGLIA
CERVELLO	TESTA
FACCIA	BOCCA
COLLO	NASO
MANO	ORECCHIO
PELLE	SPALLA
CUORE	LINGUA

38 - Agronomie

```
A C F C Y S S T U D I O M K T U
M C I T G I A E M D O P F S A P
K W Q Y U S I H A A I G R E N E
I Q N U J T F O C S L M D L J H
P N M L A E Q H Z R G A T U K I
R S Q Q F M R U R A L E T E Y F
O U G U K I P E I P M E C T A B
D O B R I E Q Y U I O C R N I K
U L F I Q N X B Y A O O E E S E
Z O N E F D A O I N O L S I C R
I B A L O G R M G T M O C B I U
O C I N A G R O E E S G I M E D
N N M B P P P L N N R I T A N R
E N O I S O R E O A T A A O Z E
A G R I C O L T U R A O X K A V
S O S T E N I B I L E T T N Z K
```

SUOLO
ENERGIA
EROSIONE
VERDURE
MALATTIE
AGRICOLTURA
RURALE
SOSTENIBILE
ORGANICO
ECOLOGIA

PIANTE
PRODUZIONE
STUDIO
SISTEMI
AMBIENTE
INQUINAMENTO
CRESCITA
ACQUA
SCIENZA

39 - Landschaften

```
V Y R C S D R A F G Q P Q A K D
U Q P L D F R U B J B B O G A L
L D K J E I L I X U Y G S A U F
C G E A C O A O S O Z K F L S O
A R D N U T P G R O T T A O T I
N E Q Z H R P U L K K X N S P A
O B I T X E F K M M U H I I U I
F E F D R S Z J R E D U L A P C
C C M R T E W Y T R A Z L S E C
A I V N E D X B E A X Q O A G A
S Y A N G A T N O M G I C M O I
C S L F M O M M D E U E M W L H
A P L B Q I U N K E P I Y W F G
T X E E P Y B N F Y Q K F S O Z
A L R D F P E N I S O L A R E P
J K S P I A G G I A J Z B O H R
```

MONTAGNA   MARE
ICEBERG   OASI
FIUME   LAGO
GEYSER   SPIAGGIA
GHIACCIAIO   PALUDE
GOLFO   VALLE
PENISOLA   TUNDRA
GROTTA   VULCANO
COLLINA   CASCATA
ISOLA   DESERTO

40 - Abenteuer

```
P I T I N E R A R I O X U U V I
G R L W A G À T L O C I F F I D
I I E T N E D N E R P R O S A D
N X O P D X P B U W J T N O G H
S Q W I A A M I C I F C A P G F
O U F K A R U U T S X W V P I I
L X K D R Z A C H Z O Y I O N S
I L F A U G F Z I J U P G R U C
T O F Z T T Z X I N U M A T O O
O R U L A T G J Y O I X Z U V R
X N M Q N W I N U Y N D I N O A
G Y Z T D W N V R D M E O I H G
B E L L E Z Z A I K G J N T I G
S I C U R E Z Z A T L L E À C I
P E R I C O L O S O À C A S O O
E S C U R S I O N E J N E F X M
```

ATTIVITÀ
ESCURSIONE
CASO
GIOIA
AMICI
PERICOLOSO
OPPORTUNITÀ
NATURA
NAVIGAZIONE
NUOVO

VIAGGI
ITINERARIO
BELLEZZA
DIFFICOLTÀ
SICUREZZA
CORAGGIO
INSOLITO
SORPRENDENTE
PREPARAZIONE

41 - Flugzeuge

```
T X E E R J A Y M D L X N E Y D
Z L R L B A H X R O I L M F J Q
O Z B I S T O R I A T S Z Z F N
U L R C O Y F J K Z C O C B M C
F M T H Y T F B D N I F R E B P
Z H J E L J F J E E E P E E S N
I D R O G E N O S L L A Q C B A
A L T E Z Z A R I O O L U A Q R
N A V I G A R E G B L L I R Z U
M E T E O Y A T N R A O P B X T
E Q T U E T A Z X U L N A U N N
Q B J T P C X J X T P C G R A E
W N A R E F S O M T A I G A A V
F O R E G G E S S A P N I N M V
O J I M X A F Y D F C O O T X A
O H A T O L I P N M Y E W E F U
```

AVVENTURA   ARIA
DISCESA   MOTORE
ATMOSFERA   NAVIGARE
PALLONCINO   PASSEGGERO
CARBURANTE   PILOTA
EQUIPAGGIO   ELICHE
DESIGN   TURBOLENZA
STORIA   IDROGENO
CIELO   METEO
ALTEZZA

42 - Haartypen

```
P C B H M D Q Q S J U A G H M I
J F Z J Z O R E N F E S H C D N
I R M W B R R Y N U I C J T P T
W I K F J J U B Y A O I C C I R
B I A N C O I G I R G U O R M E
Q B I O N D O F M D H T X R B C
O N D U L A T O T S O T U E O C
G B W M M M C K E U Z O Z U S I
N R D S A J W A S O T T I L E A
U E D Y R Z U I L O I C C I R T
L V I A R F F K H V J F F B O O
W E W H O T A R O L O C O X S L
F D Z K N T R E C C E H O X S Y
S A N O E D O E H Q X X K S E Y
A R G E N T O D E D P O S C P Z
Y F D J Q M B P P A N J T B S M
```

BIONDO
MARRONE
SPESSORE
SOTTILE
COLORATO
INTRECCIATO
SANO
GRIGIO
CALVO
BREVE

LUNGO
RICCIOLI
RICCIO
NERO
ARGENTO
ASCIUTTO
MORBIDO
BIANCO
ONDULATO
TRECCE

43 - Essen #1

```
Z M H M K M A L L E N N A C L F
U Y L A T T E G P D L B U L S R
C H C L A Q K S L S M W Y D D S
C J B O C C U S T I A T O N N O
H C F G S R I J P I O L D C Y P
E A A A I N S A L A T A E A A E
R F P R D G A U R H P T N R R R
O F A F T L B O O X P M R O A A
I È R S L S P Q C U Y M A T C C
P Z Z U M G E R I X M Z C A H I
S I R D D Z S N L I M O N E I P
G G S P I N A C I Z I W R M D O
S N E Z E W M Y S M W O T D I L
M J N Q J H D K A G I F D T Q L
H U R N T E I G B I F A Y S M A
G U C T Z A O X X O K Z N D Y L
```

BASILICO
PERA
FRAGOLA
ARACHIDI
CARNE
CAFFÈ
CAROTA
AGLIO
LATTE
RAPA

SUCCO
INSALATA
SALE
SPINACI
MINESTRA
TONNO
CANNELLA
LIMONE
ZUCCHERO
CIPOLLA

44 - Ethik

```
O T T I M I S M O U G Q I O M V
A Z N E I Z A P H X M D Y K C A
L D I G N I T À R O O A Q S H L
T D I P L O M A T I C O N Q W O
R C O M P A S S I O N E M I F R
U O N E S T À O Z L F U K A T I
I R O K W G E N T I L E Z Z A À
S Y Q S X À T I L A N O I Z A R
M G Y W E T U O M S I L A E R R
O I Y L W I P B N I D O O G B I
T O L L E R A N Z A T V Z G Q N
H S Z K L G M T K P N E F A Z U
U H J O F E J L T L D N Q S R G
K O S O T T E P S I R E Z E K Y
E L O V E N O I G A R B T Y X G
N B X Q A I F O S O L I F Y K H
```

ALTRUISMO
DIPLOMATICO
ONESTÀ
GENTILEZZA
PAZIENZA
INTEGRITÀ
UMANITÀ
COMPASSIONE
OTTIMISMO
FILOSOFIA

RAZIONALITÀ
REALISMO
RISPETTOSO
TOLLERANZA
RAGIONEVOLE
SAGGEZZA
VALORI
BENEVOLO
DIGNITÀ

45 - Gebäude

```
F A B B R I C A S Z C C L S D D
O T E N D A Y D C S A T A U X L
S M H D I Z N M U O B R B P I J
P U N A P T N J O R I Y O E Y I
E G A D R U J N L T N E R R O T
D U X D J K S C A W A T A M F A
A Z H W T E A T R O L M T E S M
L K B O L L E T S O D O O R S B
E K C Y T C I N E M A U R C T A
M U S E O E L I N E I F I A A S
Q D T G Z L S C F R Z O T D C
Q O N X C A J M U Q O L H O I I
S N Q H I R L J H C T O S Y O A
F M S C F A E U N Y T A A T C T
F J U A O G J X J E A I D H N A
U N I V E R S I T À F P A X Z H
```

FATTORIA
AMBASCIATA
FABBRICA
GARAGE
OSTELLO
HOTEL
CABINA
CINEMA
OSPEDALE
LABORATORIO

MUSEO
FIENILE
SCUOLA
STADIO
SUPERMERCATO
TEATRO
TORRE
UNIVERSITÀ
TENDA

46 - Mode

```
O R I G I N A L E U Q I T U O B
R Q C T U A G N X L O M W N N G
X I P B U N S E M P L I C E C E
E C O N F O R T E V O L E A Z U
L W R B Y K U X R Q W O U K O G
E R A A B B I G L I A M E N T O
G Z C Z M C R O Y K T A J M A C
A P T E S S U T O S S C N O C I
N I U M O D E L L O I I Q D I T
T U P L W K Y A C N L R T E T A
E L I T S O O U W R A H R S S R
J O S L L A H A O E M K A T I P
K E M P W X N U Z D I H M O F X
E M L B J M M T Z O N W A C O F
T E N D E N Z A I M I K C T S C
K M D J A O O E P Q M R G C N T
```

SOFISTICATO   ORIGINALE
MODESTO   PRATICO
BOUTIQUE   PIZZO
SEMPLICE   RICAMO
ELEGANTE   STILE
ABBIGLIAMENTO   TESSUTO
CONFORTEVOLE   PULSANTI
MINIMALISTA   CARO
MODERNO   TRAMA
MODELLO   TENDENZA

47 - Essen #2

```
C F M Z K E O I X Q N R W K K A
M O O L O C C O R B O T E O A S
T E L L A S I C I L I E G I A P
G C N U O E F O V O U N N J N A
R N A Y B P A C C N E A W T A R
A D J G B S E M A C K P C K N A
N K J Y I T D F E R O J A K A G
O P U P H U W U E L C L R K B O
E S A L R O D N A M A I A G U A
O W Z S M J N G X H Z N O T Z W
J F G O R O D O M O P Q Z F O R
M E L A A W S S T G X Q T A O O
Z M L O T T U I C S O R P D N D
Z C J S C S T R U G O Y Q D O A
F O R M A G G I O N A D E S R O
T J I U G L T X Y D O T Q T C S
```

MELA
CARCIOFO
MELANZANA
BANANA
BROCCOLO
PANE
UOVO
PESCE
YOGURT
FORMAGGIO

CILIEGIA
MANDORLA
FUNGO
RISO
PROSCIUTTO
CIOCCOLATO
SEDANO
ASPARAGO
POMODORO
GRANO

48 - Energie

```
C N A I P O R T N E L O S A I D
T A I R E T T A B N Y E B F N X
Y N R X B C G U D O U K S L Q B
U I T B W W F E B R T Q X E U C
N B S H O E A A M T O E W R I H
C R U O C N N G G T E L J O N D
A U D A I O I K Z E H I R T A T
R T N L R T Z O A L M B X O M X
B P I F T O N J M E U A L M E N
U P E O T F E K B F R V Q B N U
R Z E J E Q B Q I J Y O O D T C
A C Z Q L Q C E E U R N L W O L
N L U E E D N E N L U N D A N E
T V E N T O T W T Z L I F G C A
E O E Q N C F E E D O R I E F R
I D R O G E N O B G Q H W K O E
```

BATTERIA

BENZINA

CARBURANTE

DIESEL

ELETTRICO

ELETTRONE

ENTROPIA

RINNOVABILE

CALORE

INDUSTRIA

CARBONIO

MOTORE

NUCLEARE

FOTONE

SOLE

TURBINA

AMBIENTE

INQUINAMENTO

IDROGENO

VENTO

49 - Familie

```
H M U O T F M J C E N A E Z W N
S R K T R P R A I Z F T I I O L
Q O P A D R E A R N Q G L O H X
E N R T Q X Y Y T I G U T N Q O
G I X E Z J O N R E T A P I B J
H B A I L G I F L J L O B G S N
U M A L J L N O N N A L E U J I
J A Y G C R A U U S F M O C A P
D B L O Y B I M A T E R N O B O
M K J M K Z Z Q P J R E N T J T
A Y I J N Q N M U M D S O A B E
Y S J H E B A D J C A C N N D Q
A R K O X B F B Z P M Y U E U B
Z T F I O K N J C A E P A T M P
M J W I S L I Q I G S S G N Y N
I Z A Q T Y F J B S K O X A K A
```

FRATELLO   MATERNO
MOGLIE   ZIO
MARITO   SORELLA
NIPOTE   ZIA
NONNA   FIGLIA
NONNO   PADRE
BAMBINO   PATERNO
INFANZIA   CUGINO
MADRE   ANTENATO

50 - Pflanzen

```
P  C  H  T  N  W  Y  A  G  F  D  S  J  T  T  W
D  S  Z  S  E  U  J  J  G  I  B  Y  T  T  O  D
Q  E  U  P  B  U  A  Q  I  O  L  A  T  E  P  P
H  N  C  J  K  R  H  A  A  R  M  N  S  W  Z  P
B  O  T  A  N  I  C  A  R  E  U  C  F  P  C  O
F  I  B  I  R  C  Z  N  D  Y  S  U  T  C  A  C
A  Z  A  L  C  E  R  Q  I  D  C  F  C  Z  O  X
G  A  M  G  O  Q  D  R  N  A  H  O  E  R  A  O
I  T  B  O  Q  O  X  E  O  L  I  R  S  A  G  I
O  E  Ù  F  A  L  B  E  R  O  O  E  P  D  U  O
L  G  F  O  G  L  I  A  M  E  O  S  U  I  I  D
O  E  F  I  R  M  L  I  N  Z  Z  T  G  C  D  G
L  V  B  L  F  E  Y  E  E  C  T  A  L  E  U  S
L  P  K  K  O  X  E  R  Y  X  N  B  I  S  K  G
R  L  I  M  N  R  E  B  D  X  D  Z  O  A  Z  H
T  P  N  X  D  E  A  A  U  Z  I  B  A  C  C  A
```

BAMBÙ	FLORA
ALBERO	GIARDINO
BACCA	ERBA
FOGLIA	CACTUS
FIORE	FOGLIAME
PETALO	MUSCHIO
FAGIOLO	VEGETAZIONE
BOTANICA	FORESTA
CESPUGLIO	RADICE
EDERA	

51 - Kunst

```
E S P R E S S I O N E N U Y C S
C O M P O S I Z I O N E M T O E
I S P I R A T O T S E N O F M M
B J F K S E I M A A K S R F P P
F P E R J R S S F X F E E W L L
O O S S P W I I E R A E R C E I
X P R N I W M L L O S S R S S C
V I S I V O B A A C P P A Y S E
T K O M L P O E N E K E R N O N
Y G K S H T L R I R G R T Z B R
N P A A T M O R G A H S I P O U
E U K C Z B T U I M N O R T D C
D M C O U T U S R I B N R K L X
S O G G E T T O O C P A C J A F
S C U L T U R A G A A L X A L F
M D I P I N T I P Z J E I Y A Y
```

ESPRESSIONE	POESIA
ONESTO	RITRARRE
SEMPLICE	CREARE
SOGGETTO	SCULTURA
DIPINTI	UMORE
ISPIRATO	SURREALISMO
CERAMICA	SIMBOLO
COMPLESSO	VISIVO
ORIGINALE	COMPOSIZIONE
PERSONALE	

52 - Gewürze

```
P D U U T V W T Z J P K R F M R
S E O M O M A D R A C U X I H E
B C P C D Q C N X C G A G N H E
K L L E U D Y O I L G A A O H Y
L O C U R R Y T Q G A I M C H W
Z D C S Y W U S K H L Z A C O M
R E E F S Z F U C Y L I T H U A
M I N W A Y D G I X E R A I U U
E J F Z K Q Y Q P W N I C O G E
O R Z A E Q H I O N N U S D C F
G Z X A K R Y A L D A Q O I U A
C U R I W M O S L O C I M C M U
N D O X H D R A A L U L E A I G
P A P R I K A L U U I T C N N F
C T R C N J M E C I N A O W O Y
Z A F F E R A N O Y R Q N X H Y
```

ANICE
AMARO
CURRY
FINOCCHIO
GUSTO
ZENZERO
CARDAMOMO
AGLIO
CUMINO
LIQUIRIZIA

NOCE MOSCATA
PAPRIKA
PEPE
ZAFFERANO
SALE
ACIDO
DOLCE
VANIGLIA
CANNELLA
CIPOLLA

53 - Kreativität

```
E A R T I S T I C O E E C A S A
N V I T A L I T À E F W H U E B
O B U I A U I Y W N L U I T N I
I D C T T E M L I O U I A E S L
S E N T I M E N T I I N R N A I
S K N M H S L E O Z D T E T Z T
E O V I T N E V N I I E Z I I À
R L Z J G K D L D U T N Z C O F
P F X I X A Z A M T À S A I N K
S C R I R Z M Q B N K I Y T E V
E M G I I U N M E I N T B À D I
E M N T N M W O I G P À C O W S
D R A M M A T I C O I H O L M I
I O Y K D S P O N T A N E O B O
I M P R E S S I O N E X Q O M N
N J C E N O I Z A N I G A M M I
```

ESPRESSIONE
AUTENTICITÀ
IMMAGINE
DRAMMATICO
IMPRESSIONE
INVENTIVO
ABILITÀ
FLUIDITÀ
SENTIMENTI
IDEE

INTENSITÀ
INTUIZIONE
CHIAREZZA
ARTISTICO
IMMAGINAZIONE
SENSAZIONE
SPONTANEO
VISIONI
VITALITÀ

54 - Geschäft

```
C  J  L  T  R  Z  I  U  F  F  I  C  I  O  M  I
M  A  K  D  I  E  S  O  L  D  I  F  C  T  A  N
O  H  R  B  C  E  D  S  X  Z  A  A  R  T  N  V
J  E  A  R  R  T  E  D  H  D  R  B  U  I  A  E
Y  Z  P  P  I  N  M  M  I  N  N  B  E  F  G  S
M  E  R  C  E  E  E  I  J  T  R  R  F  O  E  T
S  S  V  E  D  D  R  G  U  J  O  I  I  R  R  I
C  S  E  Y  V  N  G  A  O  Y  E  C  N  P  A  M
O  A  N  F  A  E  K  A  I  Z  Z  A  A  F  O  E
N  T  D  K  L  P  J  I  C  T  I  F  N  X  S  N
T  K  I  M  U  I  H  M  N  S  Y  O  Z  C  N  T
O  D  T  J  T  D  M  O  A  H  R  O  A  A  N  O
J  O  A  U  A  O  O  N  L  C  O  S  T  O  H  C
H  C  J  B  L  E  N  O  I  Z  A  S  N  A  R  T
X  O  B  O  L  P  I  C  B  S  T  Q  T  K  F  X
O  D  X  M  N  M  F  E  Y  C  O  R  N  D  Q  U
```

BILANCIO	COSTO
UFFICIO	MANAGER
REDDITO	DIPENDENTE
FABBRICA	SCONTO
FINANZA	TASSE
SOLDI	TRANSAZIONE
NEGOZIO	VENDITA
PROFITTO	MERCE
INVESTIMENTO	VALUTA
CARRIERA	ECONOMIA

55 - Ingenieurwesen

```
T  E  D  N  U  D  S  W  E  Y  Q  D  I  Z  D  Y
E  N  O  I  Z  U  B  I  R  T  S  I  D  G  I  O
R  O  D  C  A  Y  S  H  W  O  L  O  G  N  A  C
O  I  I  A  N  M  L  T  W  F  G  D  O  G  G  C
T  S  U  L  I  X  E  D  A  C  H  C  B  Z  R  L
O  L  Q  C  H  H  S  T  T  B  E  V  E  L  A  P
M  U  I  O  C  Z  E  X  R  P  I  K  N  A  M  R
F  P  L  L  C  W  I  O  J  O  I  L  O  R  M  O
I  O  E  O  A  Y  D  A  S  S  E  A  I  U  A  F
K  R  R  X  M  E  N  E  R  G  I  A  Z  T  M  O
G  P  C  Z  B  T  B  Y  O  E  N  C  U  T  À  N
B  I  G  G  A  N  A  R  G  N  I  B  R  U  G  D
N  R  A  N  J  G  N  B  B  G  W  L  T  R  H  I
L  E  A  E  K  J  E  N  K  S  B  N  S  T  X  T
M  I  S  U  R  A  Z  I  O  N  E  M  O  S  M  À
S  F  U  P  S  R  J  B  P  Z  O  Z  C  L  N  D
```

ASSE	COSTRUZIONE
PROPULSIONE	MACCHINA
CALCOLO	MISURAZIONE
DIAGRAMMA	MOTORE
DIESEL	STABILITÀ
DIAMETRO	FORZA
ENERGIA	STRUTTURA
LIQUIDO	PROFONDITÀ
INGRANAGGI	DISTRIBUZIONE
LEVE	ANGOLO

56 - Kaffee

```
P O X S G E W Q Z I Q E T B O G
L R D Z P W X J S O H G Z B H U
U E E T T A L T O T O O R O C S
F H R Z H B I A N I E F F A C T
B C A F Z E I Z X T T C Z N U O
X C N O T O X Z G S F R C Q Q E
E U I F Z O E A M O E E F H Y J
S Z C N E R O N S R N M K K R Z
L P A M O R A I S R I A U Q C A
H I M J S F T T T A G F O E L D
A S Q P P K R T Z O I O P N A N
Y I L U H B I A V A R I E T À A
E Z E Z I K D M D O O A E J L V
A C I D O D F I L T R O M J L E
S Q Y G S G O L R B L O A A E B
K S J S C M O W Z X A W P T J X
```

AROMA
AMARO
CREMA
FILTRO
LIQUIDO
ARROSTITO
GUSTO
BEVANDA
CAFFEINA
MACINARE

LATTE
MATTINA
PREZZO
ACIDO
NERO
TAZZA
ORIGINE
VARIETÀ
ACQUA
ZUCCHERO

57 - Gemüse

```
O  O  Y  Q  S  Y  B  R  Z  Z  P  A  O  D  A  C
F  L  F  N  O  Q  R  Z  E  N  Z  E  R  O  G  A
R  O  I  X  C  T  O  N  A  D  E  S  M  I  L  V
I  M  A  V  X  D  C  S  E  B  J  W  N  D  I  O
O  E  G  N  A  D  C  S  P  I  N  A  C  I  O  L
Q  Z  B  S  P  F  O  R  O  D  O  M  O  P  L  F
M  Z  C  U  A  U  L  S  A  W  I  F  B  K  O  I
D  E  L  A  R  S  O  P  I  S  E  L  L  O  I  O
H  R  L  G  R  I  N  S  A  L  A  T  A  F  R  R
K  P  S  A  C  C  U  Z  A  K  Q  E  Z  G  T  E
R  C  P  T  N  L  I  C  Q  N  N  I  S  G  E  Z
N  D  W  A  Y  Z  N  O  F  D  Q  M  Z  K  C  Y
A  Z  A  T  O  R  A  C  F  C  I  P  O  L  L  A
S  W  Y  A  Y  U  D  N  M  O  R  M  Y  B  U  H
K  N  I  P  O  A  G  K  A  O  G  S  C  N  C  J
S  C  X  G  O  N  U  F  U  N  G  O  O  N  Z  P
```

CARCIOFO	ZUCCA
MELANZANA	OLIVA
CAVOLFIORE	PREZZEMOLO
BROCCOLO	FUNGO
PISELLO	RAPA
CETRIOLO	INSALATA
ZENZERO	SEDANO
CAROTA	SPINACI
PATATA	POMODORO
AGLIO	CIPOLLA

58 - Schönheit

```
E  L  L  E  P  S  G  G  K  M  S  C  F  J  G  F
R  L  Q  D  R  O  T  T  E  S  S  O  R  D  E  O
O  R  E  N  R  P  P  I  Z  I  V  R  E  S  L  T
L  I  E  G  M  K  F  L  L  W  A  C  L  Q  E  O
O  C  X  K  A  U  A  O  N  I  B  B  B  S  G  G
C  C  C  S  M  N  I  H  U  J  S  B  U  P  A  E
Y  I  U  X  N  F  Z  M  L  I  H  T  A  E  N  N
O  O  U  L  N  O  A  A  E  J  J  H  A  C  T  I
G  L  Q  F  F  O  R  B  I  C  I  T  R  C  E  C
Y  I  P  F  A  U  G  R  X  M  T  S  A  H  D  O
S  N  C  Y  O  S  M  J  J  F  T  R  C  I  B  I
A  R  R  T  E  B  C  P  Y  Q  O  Q  S  O  T  C
S  H  A  M  P  O  O  I  L  B  D  K  A  B  H  S
H  I  F  S  Y  A  Z  B  N  P  O  O  M  D  A  I
F  R  A  G  R  A  N  Z  A  O  R  I  W  A  X  L
C  O  S  M  E  T  I  C  I  Y  P  M  A  Z  K  J
```

GRAZIA	COSMETICI
FASCINO	ROSSETTO
SERVIZI	RICCIOLI
FRAGRANZA	OLI
ELEGANTE	PRODOTTI
ELEGANZA	FORBICI
COLORE	SHAMPOO
FOTOGENICO	SPECCHIO
LISCIO	STILISTA
PELLE	MASCARA

59 - Tanzen

```
C M C P C U R T E T S W W E W C
V L O L U W I M U I T Q Q S M O
I E A V C P T R G S J T E P U R
S M I S I E M R Q K L N L R A E
I O Z C S M O C P R O V A E S O
V Z A B D I E T U P S H T S C G
O I R Q D Y C N N L D X K S O R
C O G U A A F O T O T L S I M A
O N W O O B S T D O K U A V P F
R E L A R U T L U C D F R O A I
P P A I M E D A C C A T U A G A
O S O I O I G S Q R M U T C N T
T R A D I Z I O N A L E S I O W
F J D B D O E B A R T E O S D I
C N R J J U W B M B Z A P U I P
R B J O S Z H A W A W U Q M X L
```

ACCADEMIA
GRAZIA
ESPRESSIVO
MOVIMENTO
COREOGRAFIA
EMOZIONE
GIOIOSO
POSTURA
CLASSICO
CORPO

CULTURA
CULTURALE
ARTE
MUSICA
COMPAGNO
PROVA
RITMO
SALTO
TRADIZIONALE
VISIVO

60 - Ernährung

```
O B P S A L S A A K C I L J M D
W G R R G G O U R P P L Z J Y F
Y T O C O À F F S U P A D Z Y G
S A N O R T G U S T O E O N C Z
Y T W M A I E T N E I R T U N S
Q O S T M L I I Y D D E A I X Y
S S A B A A R T N Y I C I Z T P
Y S T L J U O A L E G W C J Y O
S I Y N K Q L R Z W E X N M C P
Z N E O C Q A D P K S M A K E E
X A P D Q U C I W E T U L A S S
D I E T A J N O R J I K I N W O
Z J R U H T T B Y A O R B Y E H
M T Q K H Z U R J K N J A Q F K
F S E N O I Z A T N E M R E F Z
Z O T G K L S C V I T A M I N A
```

APPETITO   CALORIE
BILANCIATO   CARBOIDRATI
AMARO   NUTRIENTE
DIETA   PROTEINE
FERMENTAZIONE   QUALITÀ
GUSTO   SALSA
SANO   TOSSINA
SALUTE   DIGESTIONE
CEREALI   VITAMINA
PESO

61 - Länder #1

```
C L C N E P B M A L I I A R M R
R A I D N I R F G J E U C H A O
B L N L A I A U G A R A C I N M
K G E A G F S L B L N P C P T A
F Z I T D Y I B A Q J G X M E N
N C S C T A L U Q C D N A W I I
A D R T Z O E H D N M X H P V A
F Z A U F E N P O L O N I A S P
I I E C A G K I C A M B O G I A
T R L K Z I U P A G Y Y E S W I
A A E J H T O U Q E O Z P H M G
L Q E Y O T G A I N A M R E G E
I X T I T O J F O E Y D Q O B V
A L E U Z E N E V S Y O F H M R
E A S B D Z W X C C S S W B Y O
F I N L A N D I A L P F C K K N
```

EGITTO	LETTONIA
BRASILE	MALI
GERMANIA	NICARAGUA
FINLANDIA	NORVEGIA
INDIA	POLONIA
IRAQ	ROMANIA
ISRAELE	SENEGAL
ITALIA	SPAGNA
CAMBOGIA	VENEZUELA
CANADA	VIETNAM

62 - Wasser

```
M  N  D  Z  R  O  G  Y  Z  N  Q  N  Y  O  P  G
Q  L  F  W  Q  M  L  G  O  Q  I  E  Z  C  I  H
Z  T  J  R  L  N  I  A  S  Q  B  W  Z  E  O  I
B  H  G  A  F  J  W  O  Z  P  T  C  Z  A  G  A
Y  E  N  O  I  Z  A  R  O  P  A  V  E  N  G  C
D  N  L  A  G  O  C  Q  D  N  X  Z  R  O  I  C
N  O  P  Y  X  P  P  C  I  Q  A  Z  O  O  A  I
Y  S  C  O  D  T  W  L  M  L  X  G  P  W  O  O
M  N  N  C  G  C  W  X  U  H  E  W  A  D  W  T
B  O  L  O  I  U  M  I  D  I  T  À  V  R  B  O
H  M  Y  R  I  A  P  O  T  A  B  I  L  E  U  N
A  L  L  U  V  I  O  N  E  Y  K  M  N  U  L  D
C  J  A  C  A  L  G  Q  Z  R  E  S  Y  E  G  E
I  R  R  I  G  A  Z  I  O  N  E  G  W  Q  V  B
X  G  E  L  O  R  H  X  W  W  R  K  H  I  B  E
C  A  N  A  L  E  M  U  I  F  P  K  D  L  Y  L
```

IRRIGAZIONE
VAPORE
DOCCIA
GHIACCIO
UMIDO
UMIDITÀ
FIUME
ALLUVIONE
GELO
GEYSER

URAGANO
CANALE
MONSONE
OCEANO
PIOGGIA
NEVE
LAGO
POTABILE
EVAPORAZIONE
ONDE

63 - Science Fiction

```
G  C  E  K  P  S  R  G  K  S  R  I  J  S  Y  E
A  J  S  O  K  C  E  X  O  D  N  O  M  C  K  W
L  T  P  D  W  E  C  I  N  E  M  A  B  K  P  U
A  C  L  K  E  N  O  I  S  U  L  L  I  O  G  N
S  H  O  H  C  A  H  P  I  A  N  E  T  A  T  K
S  U  S  B  F  R  T  E  C  N  O  L  O  G  I  A
I  G  I  O  K  I  R  E  A  L  I  S  T  I  C  O
A  F  O  N  R  O  J  A  C  X  R  X  B  E  N  E
S  U  N  N  M  A  Y  L  N  H  B  X  R  S  D  M
H  O  E  J  B  K  C  E  U  Q  I  G  C  T  I  I
Z  C  C  D  I  K  A  O  D  T  L  O  Z  R  S  X
W  O  R  Q  J  D  J  W  L  L  O  B  J  E  T  M
P  K  O  S  U  I  U  Y  F  O  M  P  S  M  O  J
I  M  M  A  G  I  N  A  R  I  O  U  I  O  P  Q
F  A  N  T  A  S  T  I  C  O  C  T  O  A  I  O
M  I  S  T  E  R  I  O  S  O  Y  Y  T  C  A  A
```

LIBRI
DISTOPIA
ESPLOSIONE
ESTREMO
FANTASTICO
FUOCO
GALASSIA
MISTERIOSO
ILLUSIONE
IMMAGINARIO

CINEMA
ORACOLO
PIANETA
REALISTICO
ROBOT
SCENARIO
TECNOLOGIA
UTOPIA
MONDO

64 - Literatur

```
W O D Z N L T I S I L A N A U T
B G M Q M W J L S A K N R D C R
S O Z O P T F C U M A E I E O A
S L Y C E W W N A W U D T S N G
N A R R A T O R E F T D M C C E
R I J F K T S C L P O O R L D
P D F R I C M J I P R T Q I U I
T E M A R N G F T T E O Q Z S A
W C Y B R O Z B S E E L F I I R
H Y W M D U M I L F H O C O O O
F L F W X W B A O D A Y P N N F
U M W M T L X T N A W Q E E A
B I O G R A F I A Z E R D S K T
C O N F R O N T O H O I G K M E
S Z P O E S I A P N G M M A Z M
P C T A N A L O G I A A F H P E
```

ANALOGIA	METAFORA
ANALISI	POETICO
ANEDDOTO	RIMA
AUTORE	RITMO
DESCRIZIONE	ROMANZO
BIOGRAFIA	CONCLUSIONE
DIALOGO	STILE
NARRATORE	TEMA
FINZIONE	TRAGEDIA
POESIA	CONFRONTO

65 - Wandern

```
P P R E P A R A Z I O N E L L C
S I L A V I T S C J T E I I Q Z
E L E O R I E N T A M E N T O N
L A Q T H N E T C C P H H W Y G
V M W L R M A K Q B N G P E N W
A I Z O R E A T C V E R T I C E
G N H Q I Y N E U Z H J I Q I H
G A A O X T G Z D R X M L P Y N
I M C R Z P A U Q C A S O L E P
O J L M E E T N A S E P C D F F
E D I U G T N S C O G L I E R A
A J M X W T O C N A T S R Z K L
Y K A P P A M E I N Q R E M Q L
U M C P M B B N T A G Q P Z U S
C A M P E G G I O E X E G X R H
D K J N L D O E T E M K Z E K Y
```

MONTAGNA   ORIENTAMENTO
CAMPEGGIO   PESANTE
GUIDE   SOLE
PERICOLI   PIETRE
VERTICE   STIVALI
MAPPA   ANIMALI
CLIMA   PREPARAZIONE
SCOGLIERA   ACQUA
STANCO   METEO
NATURA   SELVAGGIO

66 - Globale Erwärmung

```
J A L J O J H K D I S G T A F Q
K B Z E R U T A R E P M E T U Y
G O V E R N O T B A U D D T T A
R I D U R R E E B I J T U E U K
D T K J B Z U I N S T Y W N R Y
G E N E R A Z I O N I A Q Z O I
P O P O L A Z I O N I T T I O C
O X X Y F P J P C T C A M O Q H
P H C J S D Z R I D M G I N R Z
P Z C J U O H Y T A I G R E N E
U C R I S I R P R T R S P C F Q
L B K I Z U R A A I U Y L L Q E
I N D U S T R I A K M O S I D W
V Q S E L A T N E I B M A M F D
S G B D Z N G D I W D T N A R F
S C I E N Z I A T O X J N Y Z Q
```

ARTICO
ATTENZIONE
POPOLAZIONI
DATI
ENERGIA
SVILUPPO
GAS
GENERAZIONI
INDUSTRIA
ORA

CLIMA
CRISI
HABITAT
RIDURRE
GOVERNO
TEMPERATURE
AMBIENTALE
SCIENZIATO
FUTURO

67 - Länder #2

```
P N A D U S L U S R Y P J G Q E
M E W B E Z O C A I R E B I L T
B P B N R F T R I W R G C A Y I
F A D N A G U A R U T I O M O O
P L W R E O O I E O U B A A E P
E J R U N N Z N G F B M Y I T I
W U J S O A L A I Y X A N C B A
R K H S P I S H N E I C E A R I
S Q W I P H A I T I R R K Q M N
U A L A A A M J R H L Z Z R J A
J J R U I L K O W H A Q Z A U B
J H N P G C T I Q X N F K C K L
A J N J O R N B S O D C J X Q A
D F G R E C I A J T A I S W F W
M E S S I C O U R H A R F D E C
S D U H Y S Y R W F T N U U P P
```

ALBANIA   LIBERIA
ETIOPIA   MESSICO
FRANCIA   NEPAL
GRECIA   NIGERIA
HAITI   PAKISTAN
IRLANDA   RUSSIA
GIAMAICA   SUDAN
GIAPPONE   SIRIA
KENYA   UGANDA
LAOS   UCRAINA

68 - Fahrzeuge

```
A  A  U  T  O  B  U  S  S  S  Z  D  O  A  R  A
U  T  W  E  R  O  T  O  M  C  A  I  A  U  L  P
T  R  B  L  K  N  T  C  T  Z  O  A  N  R  H  N
O  A  I  I  B  E  L  J  K  A  H  O  A  W  O  E
J  G  C  C  N  R  D  P  F  T  T  A  T  Y  X  U
S  H  I  O  A  T  S  Y  D  T  R  S  I  E  R  M
D  E  C  T  V  K  E  Y  F  E  A  O  L  I  R  A
L  T  L  T  A  C  R  A  B  R  T  T  O  D  Q  T
S  T  E  E  R  E  A  I  X  A  T  T  P  M  U  I
O  O  T  R  A  R  R  E  N  Y  O  O  O  J  Y  C
O  U  T  O  C  J  Z  E  F  E  R  M  R  I  B  I
S  R  A  E  Z  P  Z  H  O  K  E  A  T  F  Z  S
Q  B  A  Z  N  A  L  U  B  M  A  R  E  M  L  N
I  Z  A  Z  I  J  D  H  C  N  O  I  M  A  C  U
P  U  T  X  Z  I  F  I  Z  A  B  N  Q  J  T  K
U  T  Z  S  F  O  X  W  Q  B  Y  O  E  H  W  B
```

AUTO	MOTORE
BARCA	RAZZO
AUTOBUS	PNEUMATICI
BICICLETTA	SCOOTER
TRAGHETTO	TAXI
ZATTERA	TRATTORE
AEREO	METROPOLITANA
ELICOTTERO	SOTTOMARINO
AMBULANZA	CARAVAN
CAMION	TRENO

69 - Musikinstrumente

```
Y O R U B M A T H M T C M J U P
C L A R I N E T T O R H J S N E
P L B P G G V O S D O I U M A R
I E M H R R I N B G M T M S W C
A R O U M A O I Q O B A W D O U
N U R D F A L L E H O R E K E S
O B T A B R O O I R N R C X O S
F M Q K A M N D E N E A D Z D I
O A E O N O C N I G O N G O H O
R T N B J N E A V I O L I N O N
T Q U Q O I L M F A G O T T O E
E A P A B C L C A R I L L O N I
R A H A L A O S A S S O F O N O
J O J N M F Y P E N X H C N B N
L W T P J Q A X T G T I M N B Q
Y P P B P K C I L X T M D I K D
```

BANJO	PIANOFORTE
VIOLONCELLO	MANDOLINO
FAGOTTO	ARMONICA
FLAUTO	OBOE
VIOLINO	TROMBONE
CHITARRA	SASSOFONO
CARILLON	PERCUSSIONE
GONG	TAMBURELLO
ARPA	TAMBURO
CLARINETTO	TROMBA

70 - Natur

```
F S S L A Z Z E L L E B R G K C
O N A X R M X K M A L N I H Q C
C R J N O T R E S E D O E Q I P A
E R T I I F I U M E V B K A D I
S C U S C R L G S Q U B Y C H I
T A A D O W A Q D K N I T C A J
A W R E N O I S O R E A R I Q P
V P I H E M O N T A G N E A N T
R I O P R M A N I M A L I I X S
A I T H E L A C I P O R T O L O
K N F A S J O I G G A V L E S I
E E Q U L P I W L S W I F N D T
F X C B G E H C E G J C Y J B D
A Y D J I I I C W B O L T C X E
H U O E F O O D P F G F S M G L
R I O P L S W U D I N A M I C O
```

ARTICO
MONTAGNE
API
DINAMICO
EROSIONE
FIUME
GHIACCIAIO
SANTUARIO
SERENO
FOGLIAME

VITALE
NEBBIA
BELLEZZA
RIFUGIO
ANIMALI
TROPICALE
FORESTA
SELVAGGIO
NUVOLE
DESERTO

71 - Urlaub #2

```
N  T  D  N  O  A  L  C  V  P  W  R  E  D  R  S
S  G  I  I  T  T  N  O  A  I  G  G  A  I  P  S
R  T  L  Z  B  P  B  P  M  H  S  Y  P  J  X  F
I  O  R  E  B  I  L  O  P  M  E  T  R  Q  C  X
S  Q  S  A  E  N  G  A  T  N  O  M  O  U  R  T
T  N  A  L  N  D  H  O  T  E  L  Q  T  I  K  B
O  T  U  O  O  I  G  G  A  I  V  C  R  Y  W  I
R  E  H  S  I  A  E  A  E  R  O  P  O  R  T  O
A  N  U  I  Z  I  G  R  T  A  X  I  P  P  W  H
N  D  I  C  A  O  T  R  O  P  A  S  S  A  P  S
T  A  U  H  N  V  A  C  A  N  Z  A  A  P  R  Q
E  P  P  I  I  M  L  F  Q  R  T  B  R  J  K  I
R  P  X  E  T  A  T  F  X  U  B  Y  T  L  B  H
O  A  J  B  S  R  C  A  M  P  E  G  G  I  O  Q
G  M  N  X  E  E  G  X  L  F  N  T  N  P  C  P
Q  Q  R  Z  D  T  R  E  N  O  C  H  B  K  T  F
```

STRANIERO	VIAGGIO
MONTAGNE	RISTORANTE
CAMPEGGIO	SPIAGGIA
AEROPORTO	TAXI
TEMPO LIBERO	TRASPORTO
HOTEL	VACANZA
ISOLA	VISTO
MAPPA	TENDA
MARE	DESTINAZIONE
PASSAPORTO	TRENO

72 - Barbecues

```
F V P R A N Z O H X E C A L D O
K A E T A T S E C U S X S U I P
F I M R Q Y E X U A A N E C Z R
L L M E D B W O C A L L P L Q B
W G A T T U R F I O S K T E H K
U I N I G Q R F N J A G R T P X
J M H A Q G N E A F Z O U A O E
H A C I S U M T Z E O P Q L X J
F F R J G T H T P O L L O A L Q
P L U L N S Z E G X L A L S D S
G J Q Z A Y I H C O I G K N Q J
G R I G L I A C S A L E X I X S
H L A G W G K R L D T J M Q A A
Q L F Y N M M O T A R S S S I G
B K H K W T G F S L J H T T E A
F D C O L T E L L I N I B M A B
```

CENA	CUCINA
FAMIGLIA	COLTELLI
FRUTTA	PRANZO
FORCHETTE	MUSICA
VERDURE	PEPE
GRIGLIA	INSALATE
CALDO	SALE
POLLO	ESTATE
FAME	SALSA
BAMBINI	GIOCHI

73 - Schach

```
P P Y T X O I C I F I R C A S K
U D A N I G E R A T E M P O T C
N I P S F U S N U M G K N Y Q K
T A T E S E S P N A P I U E P I
I G O Y U I L O N S S I K Z F K
H O R F Z J V Z Y Y G Y O E E M
X N N H X J H O O S R O C N O C
K A E S T R A T E G I A O R E N
B L O R E G O L E R X A I J F Q
W E G Y E B K T N A N U G F B B
Z E T N E G I L L E T N I M F Q
G K H E R O T A C O I G L S J S
X W W F R Q S I N J F D H A T I
P K C N W T Q Y O C D H Y J Y C
A V V E R S A R I O O L R H G R
R X I U P E R I M P A R A R E E
```

CAMPIONE
DIAGONALE
AVVERSARIO
INTELLIGENTE
RE
REGINA
PER IMPARARE
SACRIFICIO
PASSIVO
PUNTI

REGOLE
NERO
GIOCO
GIOCATORE
STRATEGIA
TORNEO
BIANCO
CONCORSO
TEMPO

74 - Geographie

```
J H Q E M E R I D I A N O L C A
S C K M B S U M I T F P J N O T
B R M I S E F O W E W I P O S L
S T R S U A O N Z R F B U A X A
P X Z F L P H T A R M B S M M N
E J H E K N W A L I M U F G E T
N Q G R P E E G T T S E V O E E
M O U O A R N N I O F Q F O Q Y
O N E A L D X A T R E F M W K M
N O G R T Z M H U I O N A E C O
D R Y B Y O T T D O L Z R S W H
O D C L P F R Q I U Y E E Y Z B
J I Y A H O R E N O I G E R I Q
C I T T À X K K E F Z A A J G L
L A T I T U D I N E N U Z Q J K
C O N T I N E N T E I S O L A D
```

ATLANTE	CONTINENTE
EQUATORE	PAESE
MONTAGNA	MARE
LATITUDINE	MERIDIANO
FIUME	NORD
TERRITORIO	OCEANO
EMISFERO	REGIONE
ALTITUDINE	CITTÀ
ISOLA	MONDO
MAPPA	OVEST

75 - Zahlen

```
W Q D R D D S J X H X L T Z U C
S U C G I T N E V X H E W W T W
A I E S C S E D I C I O C T N D
Q N U L I F T R E D I C I B K A
U D Q D A D I Q Y G L O Q L H Q
A I N I N M R S N J R U Z N O P
T C I C N H I A Z N Z P D F R P
T I C I O D I C I A S S E T T E
O T T O V G J G E Z J H U S T T
R L P T E R D C Y D E T D D A T
D L T T D O D I C I U R B B U E
I R A O Y E O S R D D H O N Q S
C Z R T Q D J C Y H I U Q O X P
I T R E M E Q E G D L E T V R K
Z F N P N N Q I E A K J C E W Z
P O R R D N A K X C X H O I I E
```

OTTO
DICIOTTO
DECIMALE
TRE
TREDICI
CINQUE
QUINDICI
NOVE
DICIANNOVE
ZERO

SEI
SEDICI
SETTE
DICIASSETTE
QUATTRO
QUATTORDICI
DIECI
VENTI
DUE
DODICI

76 - Tage und Monate

```
R K K H D S N C D H G Q L U P Y
S E T T E M B R E I H I K D Z C
Ì D R E N E V N U W C J U T O B
D O M E N I C A E Z L E T G T B
E T F R I I I H X I U C M K N L
V A E B Z D M P Q Y G A T B J O
O B B M Ì D E N U L L N O R O
I A B E D D S Q A X I E X N E E
G S R V E N E C B E O N N A K O
Y I A O L S P T R D I D E F J B
A H I N O X N T R K W A H G Y M
I A O Y C P U X P A J R O D H M
U C R U R J M A N A M I T T E S
G T S P E E K E S K O O O B H D
N B A D M A G O S T O G C Y E T
G E N N A I O T R O T T O B R E
```

AGOSTO
DICEMBRE
MARTEDÌ
GIOVEDÌ
FEBBRAIO
VENERDÌ
ANNO
GENNAIO
LUGLIO
GIUGNO

CALENDARIO
MERCOLEDÌ
MESE
LUNEDÌ
NOVEMBRE
OTTOBRE
SABATO
SETTEMBRE
DOMENICA
SETTIMANA

77 - Emotionen

```
G  C  T  R  A  N  Q  U  I  L  L  I  T  À  S  C
J  R  S  O  D  D  I  S  F  A  T  T  O  H  O  O
S  Z  A  Z  Z  E  T  S  I  R  T  T  W  A  R  N
T  O  E  T  Q  P  I  T  N  H  B  K  T  G  P  T
K  E  A  R  O  T  A  T  I  C  C  E  W  U  R  E
Z  C  N  I  M  B  A  R  A  Z  Z  A  T  O  E  N
X  A  G  E  M  Q  Z  T  I  H  P  I  L  T  S  U
L  P  M  E  R  O  M  A  B  K  Z  T  A  A  A  T
G  O  J  J  N  E  K  D  B  H  I  A  I  S  I  O
B  Q  B  C  N  T  Z  B  A  F  C  P  N  S  O  V
G  U  Y  W  M  F  I  Z  R  I  K  M  O  A  I  E
P  O  A  H  H  A  M  L  A  C  E  I  I  L  G  I
K  E  K  B  Q  R  I  G  E  D  N  S  A  I  T  L
N  B  L  W  F  U  Y  M  Z  Z  U  G  X  R  C  I
S  T  I  S  H  A  Y  H  M  H  Z  L  Z  Z  C  R
Z  O  U  F  J  P  X  B  P  X  D  A  N  O  I  A
```

PAURA	AMORE
ECCITATO	RILIEVO
IMBARAZZATO	TRANQUILLITÀ
GRATO	CALMA
RILASSATO	SIMPATIA
GIOIA	TRISTEZZA
GENTILEZZA	SORPRESA
PACE	RABBIA
CONTENUTO	TENEREZZA
NOIA	SODDISFATTO

78 - Kräuterkunde

```
N L B A S I L I C O T E A N G I
D R A G O N C E L L O U G Y I N
Z A F F E R A N O E Y L L L A G
J L N Z A N E T O D T S I A R R
X Q W C U L I N A R I O O F D E
B E N E F I C O D E K C N I I D
M Q K A P A S M N V P I I N N I
J A A C D E U I A A R T R O O E
E Q G J À Y O T V P E A A C T N
T T R G T Y G P A C Z M M C P T
S L N R I K I L L H Z O S H T E
A R I M L O Y G Q L E R O I F F
N E I X A T R C Z B M A R O Q B
X N I Q U S K A L Z O N J C X X
Q K G U Q U X W N C L X M F L L
Z F Y I B G G Q H A O Y O S P Q
```

AROMATICO

BASILICO

FIORE

ANETO

DRAGONCELLO

FINOCCHIO

GIARDINO

GUSTO

VERDE

AGLIO

CULINARIO

LAVANDA

MAGGIORANA

PREZZEMOLO

QUALITÀ

ROSMARINO

ZAFFERANO

TIMO

BENEFICO

INGREDIENTE

79 - Aktivitäten und Freizeit

```
J  J  L  Z  G  F  P  H  H  O  B  B  Y  L  Y  R
O  A  E  W  B  E  K  Z  Z  P  Q  P  W  B  R  D
W  Y  G  T  I  W  A  R  T  E  H  W  M  L  Z  L
O  L  O  V  A  L  L  A  P  N  K  H  I  E  S  O
C  A  M  P  E  G  G  I  O  I  G  G  A  I  V  Y
S  U  C  R  X  K  K  P  G  Q  T  F  L  Z  F  B
Y  E  E  A  B  M  X  E  G  O  N  T  E  K  E  A
B  R  I  J  L  H  K  S  W  R  N  B  U  L  W  S
N  U  O  T  O  C  O  C  Z  N  P  A  E  R  U  E
U  P  J  W  B  F  I  A  D  M  S  S  Y  Q  A  B
S  U  R  F  R  E  L  O  W  Z  G  K  X  C  S  A
C  L  B  H  O  E  N  O  I  S  R  E  M  M  I  L
S  H  O  P  P  I  N  G  G  Q  Z  T  B  I  N  L
G  I  A  R  D  I  N  A  G  G  I  O  O  O  N  N
R  I  L  A  S  S  A  N  T  E  G  Q  X  P  E  B
E  S  C  U  R  S  I  O  N  I  H  T  E  J  T  B
```

PESCA	GOLF
BASEBALL	HOBBY
BASKET	ARTE
BOXE	VIAGGIO
CAMPEGGIO	NUOTO
SHOPPING	SURF
RILASSANTE	IMMERSIONE
CALCIO	TENNIS
GIARDINAGGIO	PALLAVOLO
PITTURA	ESCURSIONI

80 - Formen

```
N R T L E T P P Q Z J T M M U K
Q E W R Y D E L N H U R A R C O
P T E C I R O T O N D O W U O B
O T A R D A U Q P R I S M A M U
I A S U E D N H P O W A P Q A C
H N E E S J B G H L J E D Y X H
C G L N S N O W O E C U R V A C
R O A K I F R F X L X A W I Q I
E L V K L L D R Y O O N O C S L
C O O Z L I I P J B H G Y Z T I
D R T R E W F F S R X O L F Z N
D M J A J K L Z C E A L C W M D
X F A Q L S T K E P Q O C O L R
N N F T T N P E D I M A R I P O
Z A Y O N F N R E C F L Q D M Z
M B X W K U D P O L I G O N O D
```

ARCO	OVALE
TRIANGOLO	POLIGONO
ANGOLO	PRISMA
ELLISSE	PIRAMIDE
IPERBOLE	QUADRATO
BORDI	RETTANGOLO
CONO	ROTONDO
CERCHIO	LATO
CURVA	CUBO
LINEA	CILINDRO

81 - Musik

```
R U T X M I C R O F O N O N Q Z
P T E K O F G P C E T R C H F N
L H M O C I M T I R N Z I A Y R
P C P A I N O M R A E P N T P H
F O O R S P C J I T M O O S M C
M Y B E S P I H L N U E M I Z O
S E K P A L B U M A R T R C U O
C T L O L T T Y C C T I A I R F
I N O O C Q A P C N S C E S S T
E A L P D H S L E I R O J U Y S
A T Z M Q I Y F L K D P M M P I
P N A C P X A E L A C I S U M M
L A A O L L U T O T B O M I T T
J C E R A S I V V O R P M I P E
K F H O M A O O S J O Y A O A H
R N Y Q U N I O L K X D S B Z M
```

ALBUM

BALLATA

CORO

ARMONIA

ARMONICO

IMPROVVISARE

STRUMENTO

CLASSICO

LIRICO

MELODIA

MICROFONO

MUSICALE

MUSICISTA

OPERA

POETICO

RITMICO

RITMO

CANTANTE

CANTARE

TEMPO

82 - Antiquitäten

```
D O C Q L Y F R B Y Z G S K R A
E C B Y J P D Q K D K D E L N P
C D S S G U C G O P D E C O M P
O G W S P T Q A T U E N O B O A
R A J C R I I M N J E F L G B S
A L P R E Z Z O E T R A O R I S
T L G E T E N O M À W R C Z L I
I E I I N S O L I T O U I V I O
V R O T A E F C T I H T T E O N
O I I N G K C Z S L C L N C S A
L A E I E S B U E A G U E C Y T
X D L P L L M G V U A C T H U O
K L L I E M I M N Q S S U I Q H
W F O D Q Q W T I T Q E A O K R
X I V A L O R E S Q H C U K O L
C O N D I Z I O N E X F R P C I
```

VECCHIO   MOBILIO
AUTENTICO   MONETE
DECORATIVO   PREZZO
ELEGANTE   QUALITÀ
APPASSIONATO   GIOIELLO
GALLERIA   SCULTURA
DIPINTI   STILE
INVESTIMENTO   INSOLITO
SECOLO   VALORE
ARTE   CONDIZIONE

83 - Adjektive #2

```
R N O R M A L E B T G F S U C D
A E T N A G E L E F O R T E O E
D U S B D N O F E I R E P F M S
R S T P P R O D U T T I V O M C
A E Q E O T A L A S L X X S E R
M L B T N N G S X N E D U O S I
M V D N A T S K T O U K E M T T
A A G A O K I A L S U O M A I T
T G F S T K H C B O G X V F B I
I G N S A J D W O I F I L O I V
C I P E M P T C A L L B B Q L O
O O G R A I I A N G Z E J N E K
T N B E F R E S C O I B J T E N
L M C T F B S X L G S S K F C G
I B O N A S E L A R U T A N B Y
U O V I T A E R C O B S Y O B G
```

AUTENTICO   CREATIVO
FAMOSO   NATURALE
DESCRITTIVO   NUOVO
DRAMMATICO   NORMALE
ELEGANTE   PRODUTTIVO
COMMESTIBILE   SALATO
FRESCO   FORTE
SANO   ORGOGLIOSO
AFFAMATO   RESPONSABILE
INTERESSANTE   SELVAGGIO

84 - Kleidung

```
G P A S C A R P A T R X Q G G G
Y O A B C O L L A N A X K D I I
X C N N I B O C D K A D S Z A O
P T I N T T U C Y M H Z O G C I
I C X B A A O R T W P B Q J C E
G F O T T E L A I C C A R B A L
I T N A U G P O C A M I C I A L
A J E A N S O K N R M R K M H O
M M A G L I O N E I D G B F S W
A J P J A I M G R E M B I U L E
R G R O Z E O C A M I C E T T A
U J A E W W D I D S E H X B X B
T X I F B K A F G B B X C W F I
N E C A P P E L L O Z J K R N B
I T S I I M N B H A E U Y A B P
C A P P O T T O X Q G G Z A B Z
```

BRACCIALETTO	ABITO
CAMICETTA	CAPPOTTO
CINTURA	MODA
COLLANA	MAGLIONE
GUANTI	GONNA
CAMICIA	SCIARPA
PANTALONI	PIGIAMA
CAPPELLO	GIOIELLO
GIACCA	SCARPA
JEANS	GREMBIULE

85 - Farben

```
R N D J T B K P K E C X S Z W L
M A R R O N E R O S A E W H L Q
A N Q H R E D Q B I A N C O G R
M R M Z E Y R U O Q I J A C N D
V F A S N M E H O L S D M A U P
I I T N F U V K N X C H S D S W
O L N Q C N I G A N U N T N E U
L F E E P I E B I S F E L I P K
A L G X Y B A E C A K Z T T P G
I E A N O I G I R G L Z U A I A
B Q M E T A L G E O C L C Q A U
G W N U X G X E M R W B O B X M
W X O F O M H C I C P M Z H L A
R F W D B S X K S F I Y L N C U
U E A G Y F G M I U U W W D F D
R O S S O R R U Z Z A T K Y A K
```

AZZURRO	MAGENTA
BEIGE	ARANCIA
BLU	CREMISI
MARRONE	ROSA
FUCSIA	ROSSO
GIALLO	NERO
GRIGIO	SEPPIA
VERDE	BIANCO
INDACO	CIANO
VIOLA	

86 - Haus

```
G A B B P A P O C S U U Z I S G
I R X Y O D T M C A M I N O P I
S E G A R A G T O Q B X O L E A
X M I N T P S O I B X O Y N C R
W A U I A M O C V C I Q W S C D
N C M C I A F N A W O L A H H I
A A C U C L F W I T D D I P I N
Y C F C C T I X H H Y P A O O O
I O E O O L T Z C R N G B W Z D
I Z N T D J T C Q E B E G G Y T
T E T T O F O G I C A U P Q K D
T L F D O I X T D I Z P A J R A
D A W N B L L T Y N Y X R H Y J
P C E S C R N B H T F M E W L O
Q S I K I N P T I O S Q T X D F
F I N E S T R A Y B R D E S T Y
```

SCOPA	CUCINA
BIBLIOTECA	LAMPADA
TETTO	MOBILIO
ATTICO	CHIAVI
SOFFITTO	SPECCHIO
DOCCIA	SCALE
FINESTRA	PORTA
GARAGE	PARETE
GIARDINO	RECINTO
CAMINO	CAMERA

87 - Bauernhof #1

```
A Z T E H H N E E L C W U K E F
R G O L N H S Z R I H R W H C E
P S R E H O N C C K R J M W Z R
A T K I R F K E U U X G P I K T
C N Y M C D R H C I A L X U Y I
M A W X K O E N A C N D M N C L
Z U J W O N L O N I S A K C G I
Q G C G R E A T R E C I N T O Z
C E H C B I I T U P G W I A L Z
Y A Z S A F A A Q R B X F E L A
K K V N B T M G U J A Y P D O N
T K A A F I M S E U N P H D P T
L L C D L A C Q U A T E R R A E
U Y B P O L L E T I V L A X Z I
A P E O V R O C A M P O S I R X
D O H Q X W B Y E A C R N R Z P
```

APE	CORVO
FERTILIZZANTE	MUCCA
ASINO	TERRA
CAMPO	AGRICOLTURA
FIENO	CAVALLO
MIELE	RISO
POLLO	MAIALE
CANE	ACQUA
VITELLO	RECINTO
GATTO	CAPRA

88 - Regierung

```
M O N U M E N T O N P N L E G N
R M P S C U N N K M E C I C I I
K O Z A O Q M A U J H G B Q U N
O S R O C S I D Z N B R E L S D
Q U A R T I E R E I X Z R E T I
Z C X F M B H P N C O L T G I P
N H U M G Z M D X T T N À G Z E
U G U A G L I A N Z A N A E I N
Y M P D J P U I N F T A X L A D
A I Z A R C O M E D S Z B I E E
F Q G A N R W L I J E I Y V K N
J E N O I Z U T I T S O C I E Z
S I M B O L O I W T C N H C Y A
D I R I T T I D X W I E N H Q H
G I U D I Z I A R I O C P Z T D
D I S C U S S I O N E K A U G J
```

QUARTIERE
DEMOCRAZIA
MONUMENTO
DISCUSSIONE
LIBERTÀ
CAPO
GIUSTIZIA
LEGGE
UGUAGLIANZA
GIUDIZIARIO

NAZIONE
NAZIONALE
POLITICA
DIRITTI
DISCORSO
STATO
SIMBOLO
INDIPENDENZA
COSTITUZIONE
CIVILE

89 - Berufe #1

```
X I P Z B K J S L I C V J L T W
Z Y D X K E L L R G A E P J L J
N K A R Q X C M O E C T M Z G T
Q A F M A T Y F G O C E T F I B
X C B M B U K S O L I R B B K C
B Y U E Z A L A L O A I O A A R
Y U S D W Z S I O G T N F L C E
A T S I T R A C C O O A A L O P
O T A C O V V A I O R R E N I
S O M O N O R T S A E I G R T A
U L W K A P S J P G T O O I A N
G I O I E L L I E R E O T N B I
M E C C A N I C O N S J R O I S
M U S I C I S T A K G T A E L T
B A N C H I E R E C G R C R E A
I N F E R M I E R A T B N N L A
```

MEDICO   INFERMIERA
ASTRONOMO   ARTISTA
BANCHIERE   MECCANICO
AMBASCIATORE   MUSICISTA
CONTABILE   PIANISTA
GEOLOGO   PSICOLOGO
CACCIATORE   AVVOCATO
GIOIELLIERE   BALLERINO
CARTOGRAFO   VETERINARIO
IDRAULICO

90 - Adjektive #1

```
F E U D F S M A S S O L U T O P
D X W W S U O C I T N E D I A R
O E C I L E F T H Y C J I K R O
N M G W Q F U O T S E N O I O F
A R T I S T I C O I M K U U M O
U O N U O M I L S S L A F T A N
Y N B D J B O O Q O O E Z H T D
K E S C U R O D J W E I S K I O
P E R F E T T O E O Y X Z J C A
B P G G C A W V Z R N D U E O O
F D S L E A O I C K N O T T R X
L E N T O W E T N E C O N N I P
A T T R A E N T E N N B G A I J
B E L L O C T A T M Z P R S H O
I M P O R T A N T E Q X T E T C
O P B A R T X D S M R M L P O J
```

ASSOLUTO	LENTO
ATTIVO	MODERNO
AROMATICO	PERFETTO
ATTRAENTE	ENORME
SCURO	BELLO
SOTTILE	PESANTE
ONESTO	PROFONDO
FELICE	INNOCENTE
IDENTICO	PREZIOSO
ARTISTICO	IMPORTANTE

91 - Geometrie

```
D I A M E T R O Q P F N K N F M
R G E C F D M X O A A Z X U B J
R J Q I I P S D F R R A Q M I U
P I U E Q G C Q M A M Z V E G J
X R A H W S O U I L S Z O R N W
X N Z S Z I D L J L E E M O U X
T N I A N G O L O E G T P T E C
U D O L O C L A C L M L L A Q Q
P T N G U N A Z O O E A Z R E A
X U E C E R C H I O N S A D D C
D I M E N S I O N E T S F A F Z
S U P E R F I C I E O A B U K S
S I M M E T R I A P A M O Q E G
U I W N I T R I A N G O L O B M
C O J T E O R I A P A S A F A L
P R O P O R Z I O N E M W R N J
```

PROPORZIONE   MASSA
CALCOLO   NUMERO
DIMENSIONE   SUPERFICIE
TRIANGOLO   PARALLELO
DIAMETRO   QUADRATO
EQUAZIONE   SEGMENTO
ALTEZZA   SIMMETRIA
CERCHIO   TEORIA
CURVA   ANGOLO
LOGICA

92 - Jazz

```
C N M H L N C Z T X L B D P S R
O C U L O L P W A C I S U M U A
M O I O M T I R L A R T I S T A
P N O I V Z T E E N O Z N A C N
O C A H X O S E N Y C D M I K N
S E S C C S I X T U D Q Z K Q F
I R S C P O C P O I S P L F X O
T T O E S M I A P P L A U S O S
O O L V C A S O R C H E S T R A
R X O I P F U A E P Q O P R I C
E B Q O L K M U B L A U A M P I
S M D P R E F E R I T I G A G N
G T T C O M P O S I Z I O N E C
L O I J K D E G G F N D J E Y E
S S X L C O H Y A W M O R R W T
G K M B E W M Z W Z G E N E R E
```

ALBUM   MUSICA
VECCHIO   MUSICISTI
APPLAUSO   NUOVO
FAMOSO   ORCHESTRA
PREFERITI   RITMO
GENERE   ASSOLO
COMPOSITORE   STILE
CONCERTO   TALENTO
ARTISTA   TECNICA
CANZONE   COMPOSIZIONE

93 - Mathematik

```
T D I A M E T R O Z Q R E A P T
O R T E M I R E P G U A Q R A H
V A I R T E M M I S A G U I R U
G O M A S F E R A Q D G A T A C
I N L Y N T E T B T R I Z M L D
U O G U W G M S W Y A O I E L F
M G I I M U O G P E T R O T E R
K I R L A E O L D O O P N I L N
E L A M I C E D O E N J E C O S
K O F I R E M U N N I E G A Y O
Y P R E T T A N G O L O N W D M
G N I Z E W U O Y I O C S T G M
C D D U M Y J B B Z G T U H E A
N Z G E O H M N U A N W X P D F
P P B N E J Z Z G R A B E I X C
M X S M G C Y Y J F A S M J T M
```

ARITMETICA
FRAZIONE
DECIMALE
TRIANGOLO
DIAMETRO
ESPONENTE
GEOMETRIA
EQUAZIONE
SFERA
PARALLELO

POLIGONO
QUADRATO
RAGGIO
RETTANGOLO
SOMMA
SIMMETRIA
PERIMETRO
VOLUME
ANGOLI
NUMERI

94 - Messungen

```
B  H  U  W  F  O  R  T  E  M  O  L  I  H  C  L
E  Y  H  C  E  N  T  I  M  E  T  R  O  A  H  U
M  F  T  P  A  L  Y  S  D  Z  M  N  Y  Q  I  N
W  S  X  E  E  W  A  A  A  O  L  M  Y  T  L  G
O  B  W  M  I  O  T  R  A  L  C  M  S  K  O  H
M  A  S  S  A  A  A  R  G  B  L  H  M  G  G  E
M  E  B  E  M  U  L  O  V  H  E  B  F  E  R  Z
A  B  R  W  B  P  L  R  G  D  E  W  Y  M  A  Z
R  G  Q  N  N  M  E  T  C  W  C  Z  F  F  M  A
G  N  F  K  X  E  N  I  S  N  I  M  Z  C  M  Q
O  R  T  E  M  M  N  L  F  A  L  M  Y  A  O  R
Q  T  A  I  C  N  O  S  E  P  L  B  Y  Y  A  K
C  P  L  D  D  À  T  I  D  N  O  F  O  R  P  P
B  C  C  F  O  T  U  N  I  M  P  L  W  R  Z  Y
D  B  M  A  L  T  E  Z  Z  A  K  C  N  T  J  R
E  B  Z  A  D  E  C  I  M  A  L  E  E  T  P  Y
```

LARGHEZZA	LITRO
BYTE	MASSA
DECIMALE	METRO
PESO	MINUTO
GRADO	PROFONDITÀ
GRAMMO	TONNELLATA
ALTEZZA	ONCIA
CHILOGRAMMO	VOLUME
CHILOMETRO	CENTIMETRO
LUNGHEZZA	POLLICE

95 - Boxen

```
G P U G N O D I P A R T Q S J G
A O G Q G P E Q L U N W W U R U
R I M D B R S N N J H A Z B H A
B C C I À O A C O R D E P J E N
I L K T T C U M Y O S G E M A T
T A B A I O R E P U C E R I A I
R C Q X L I I Q O F Q S T P L C
O X S F I R T G P S N O G L W T
M I P F B A O S G N J R R F J G
L E X J A S M W J D U P U N T I
A O N A Z R O F P H I T R B X U
L F E T N E T T A B M O C S I Y
B U J D O V M H M O K I T X L X
O O X P O V S Y O A F A M L E A
W C D J O A A N G O L O I M S C
W O H F I R G M E M F U P A X H
```

ANGOLO	CALCIO
GOMITO	MENTO
ESAURITO	CORPO
PUGNO	PUNTI
ABILITÀ	RECUPERO
FUOCO	ARBITRO
AVVERSARIO	RAPIDO
CAMPANA	CORDE
GUANTI	FORZA
COMBATTENTE	

96 - Psychologie

```
S Z H P M L A I I D R P T C I I
J L U O J P I N K G W E P O N N
A I P A R E T F Y K U R E N C F
C P Y N R U S L Q R X S N F O A
O S P I H Y O U Y I K O S L N N
M U S U E O G E E D I N I I S Z
P B E U N À N N N B M A E T C I
O C N W O T I Z O I O L R T I A
R O S P I L A E I O S I I O O N
T N A P Z A R M Z C T T U Z Z L
A S Z Z A E E J E I J À Q O F T
M C I O T R C M C N Z W T S B E
E I O Y U S R H R I T O X S S I
N O N L L P A M E L B O R P W H
T E E X A R H C P C H P R X G W
O I U Q V C O G N I Z I O N E C
```

VALUTAZIONE	PERSONALITÀ
INCONSCIO	PROBLEMA
EGO	SENSAZIONE
INFLUENZE	APPUNTAMENTO
PENSIERI	TERAPIA
IDEE	SOGNI
INFANZIA	SUBCONSCIO
CLINICO	COMPORTAMENTO
COGNIZIONE	PERCEZIONE
CONFLITTO	REALTÀ

97 - Bauernhof #2

```
F O X J O E K B T A T T U R F P
I A M A L M C P R A L C B T N R
E R G P N U Q E A G E V F N Y A
N U T R G R S C T N O X E U I T
I D D G I G F O T E R U R A H O
L R S N A C B R O L I Q O E R Z
E E I E L F O A R L G J T S R E
P V A L N R G L E O D G S I A M
O R Z O F U Q Q T A I T A H X N
G A S R K T T A Z O N P P A O Q
F K G U G T Y N S Q R A D C T E
L A T T E E G I W R T E T G U I
K A Y A U T U M J W N J X R Z Y
W A C M L O N A R G Z B A L A A
R C D L K C A L T P F F X C P G
T C C H E N O I Z A G I R R I O
```

AGRICOLTORE   LATTE
IRRIGAZIONE   FRUTTETO
ALVEARE   MATURO
ANATRA   PECORA
FRUTTA   PASTORE
VERDURA   FIENILE
ORZO   ANIMALI
LAMA   TRATTORE
AGNELLO   GRANO
MAIS   PRATO

98 - Berufe #2

```
F B I O L O G O G I Y D O M I X
O S L C E R O T A C R E C I R T
T L T C Y K L E R O T N E V N I
O I C N G I P V N F Q T M R Z W
G N O G R U R I H C W I E L O U
R G D L Z I Q T L Z T S D N O P
A U T M C J D C D O J T I S L N
F I R A T N O E J I T A C S O A
O S Z M D R P T H P T A O A G H
W T I H X R E E R O T T I P O T
E A C R Y P P D F I L O S O F O
K A S T R O N A U T A S S L H I
I L L U S T R A T O R E I K W R
Z D E J G I O R N A L I S T A J
Q B I B L I O T E C A R I O D Z
G I A R D I N I E R E L D I S G
```

MEDICO   GIARDINIERE
ASTRONAUTA   ILLUSTRATORE
BIBLIOTECARIO   GIORNALISTA
BIOLOGO   LINGUISTA
CHIRURGO   PITTORE
DETECTIVE   FILOSOFO
INVENTORE   PILOTA
RICERCATORE   DENTISTA
FOTOGRAFO   ZOOLOGO

99 - Wetter

```
V E N T O T B Y F F P G S S R S
W F L S I O I C N U M H J R D F
T D G U X R B W O L E I C M P A
A U P M I N A U O M M A T X C M
T T O J A A N À T I C C I S K W
W R M N R D Y P T N F C Y A Y P
T M O O O O H C U E R I K S P R
W S N P S E Z I I N T O L W R O
D M A X I F F C C O E B U N Z U
Y R G I Q C E N S S M I M E Y Q
L S A Q L G A R A N P H L H N P
B Z R G N E M L A O E N S L B O
G T U C L L I L E M S L E Q Y R
A R C O B A L E N O T A S C W R
P O L A R E C N Y E A I B B E N
T E M P E R A T U R A Z Z E R B
```

ATMOSFERA
FULMINE
BREZZA
TUONO
SICCITÀ
GHIACCIO
CIELO
URAGANO
CLIMA
MONSONE

NEBBIA
POLARE
ARCOBALENO
TEMPESTA
TEMPERATURA
TORNADO
ASCIUTTO
TROPICALE
VENTO
NUBE

100 - Chemie

```
C A T A L I Z Z A T O R E R F Q
C L O R O P L E N O R T T E L E
W M P I Y A O N S L C R Y F I J
K R E Q O Q O Z O I N O B R A C
G G S A R I B I Q G O D I C A Q
S T O R Y M H M K F N N U U R Q
L I Q U I D O A W E I O E W M F
O I M T S A L E E R L S W Z W K
R D O A N A N A X C A S U K A M
G R L R I T G H X I C I Z J M G
A O E E Q M B S N Q L G I O I H
N G C P K O W K E R A E L C U N
I E O M W B H Z M B U N I X H P
C N L E X C A L O R E O Q U I I
O O A T E D P J S K T X A T F K
S R E A Z I O N E M M K I P U I
```

ALCALINO	CARBONIO
CLORO	MOLECOLA
ELETTRONE	NUCLEARE
ENZIMA	ORGANICO
LIQUIDO	REAZIONE
GAS	SALE
PESO	OSSIGENO
CALORE	ACIDO
IONE	TEMPERATURA
CATALIZZATORE	IDROGENO

1 - Gesundheit und Wellness #2

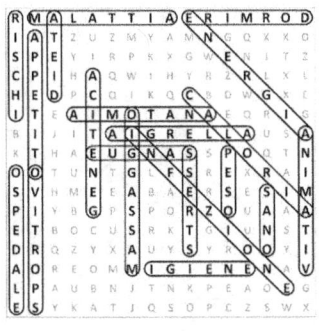

2 - Ozean

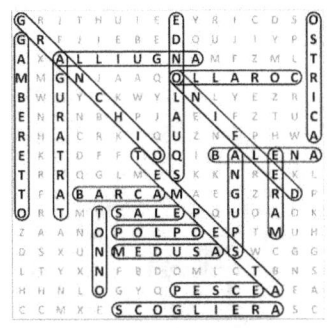

3 - Krankheit

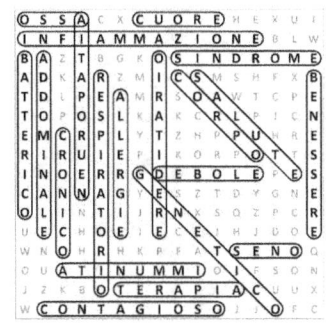

4 - Meditation

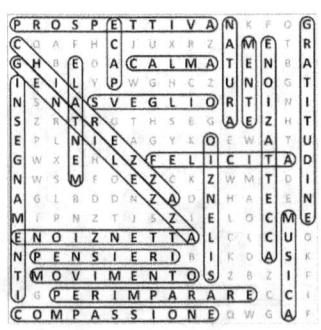

5 - Archäologie

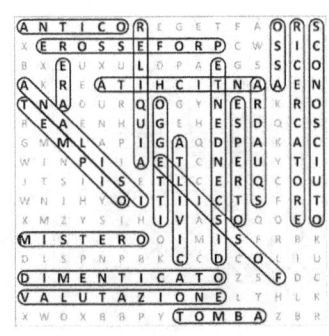

6 - Gesundheit und Wellness #1

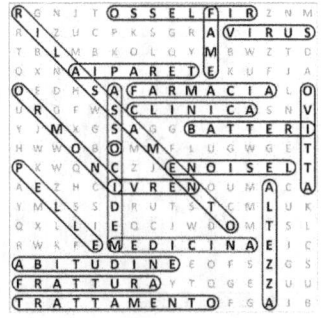

7 - Obst

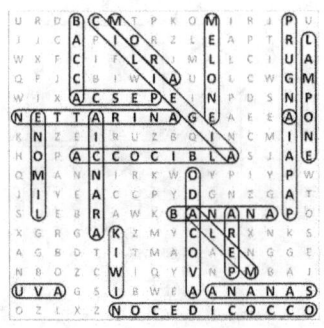

8 - Universum

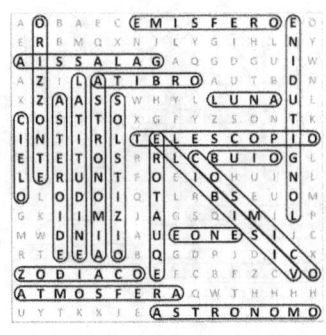

9 - Camping

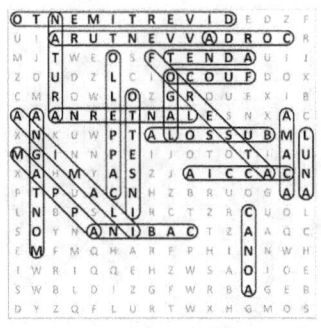

10 - Zeit

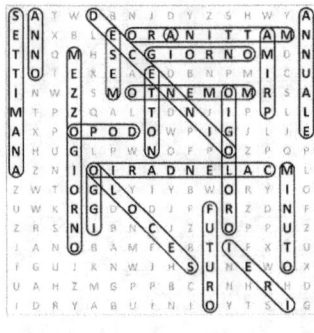

11 - Säugetiere

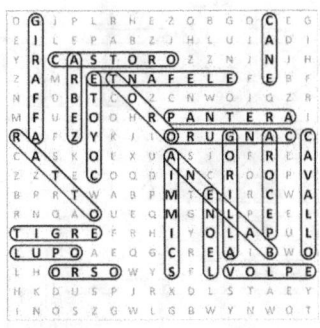

12 - Algebra

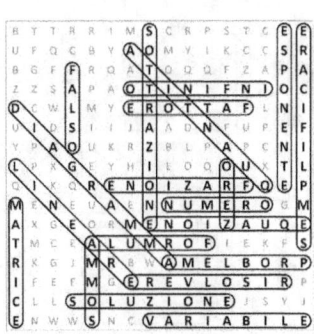

13 - Philanthropie

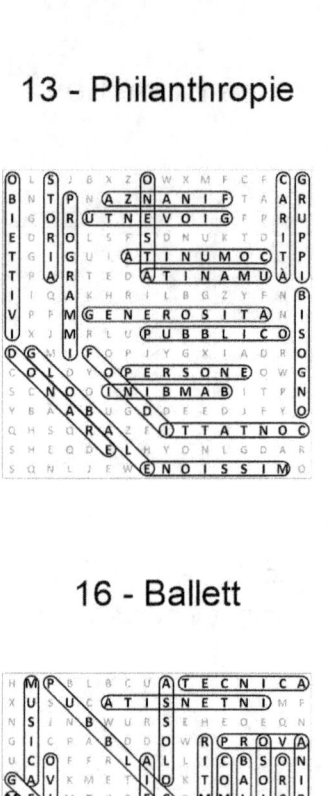

14 - Diplomatie

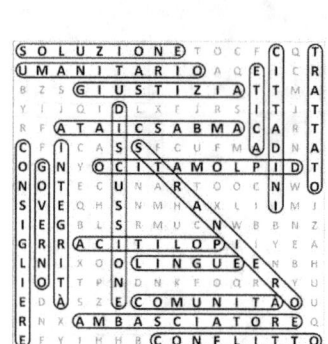

15 - Astronomie

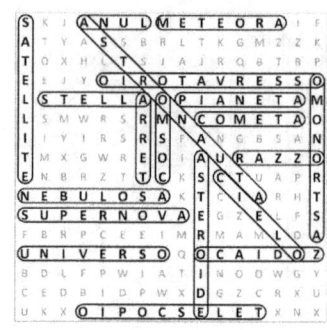

16 - Ballett

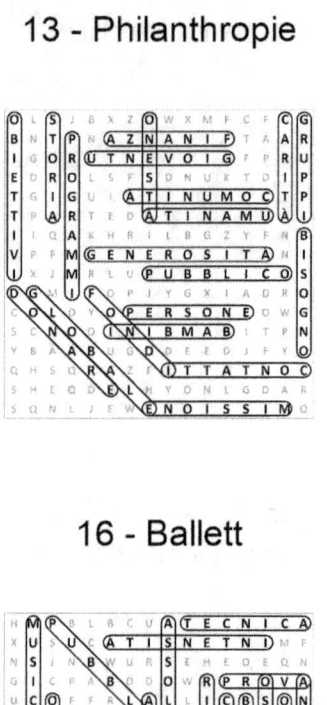

17 - Geologie

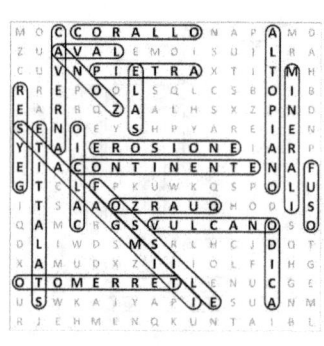

18 - Wissenschaft

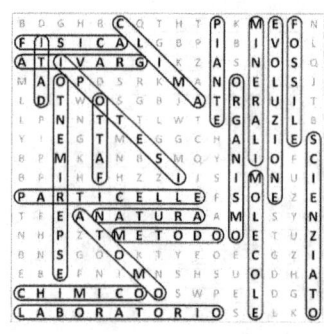

19 - Bildende Kunst

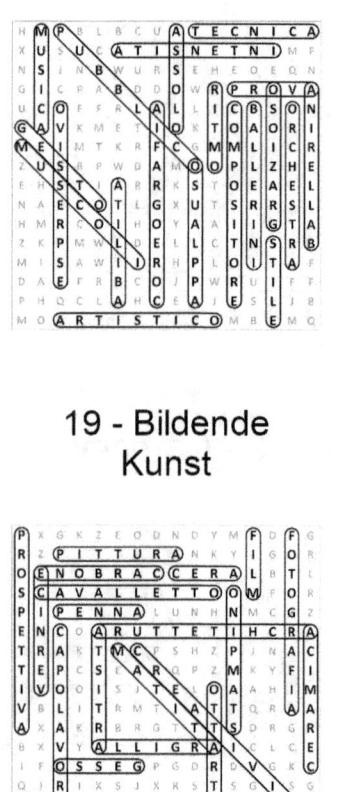

20 - Sport

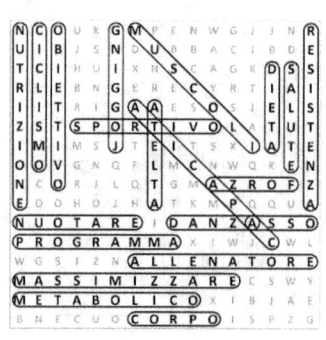

21 - Mythologie

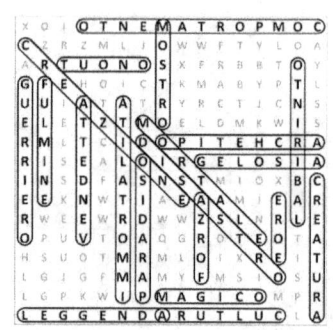

22 - Restaurant #2

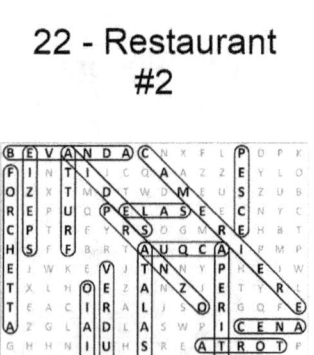

23 - Ökologie

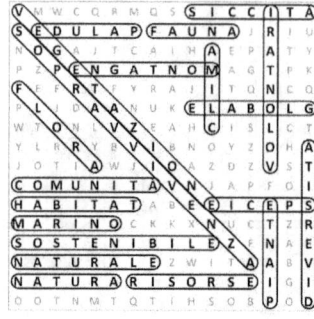

24 - Schokolade

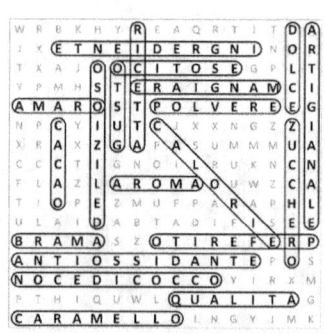

25 - Boote

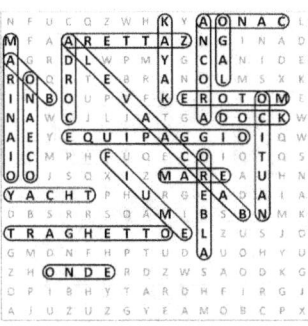

26 - Stadt

27 - Aktivitäten

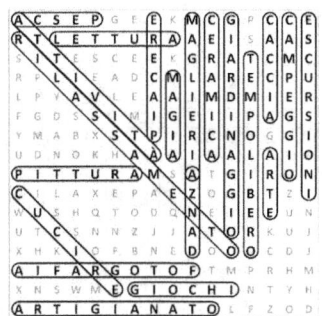

28 - Bienen

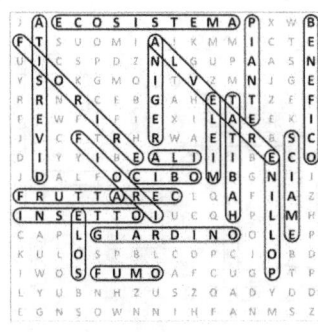

29 - Wissenschaftliche

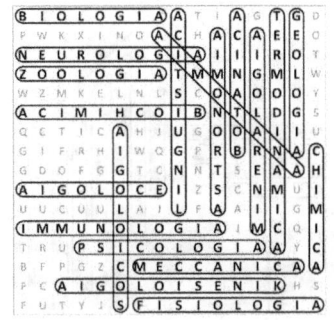

30 - Vögel

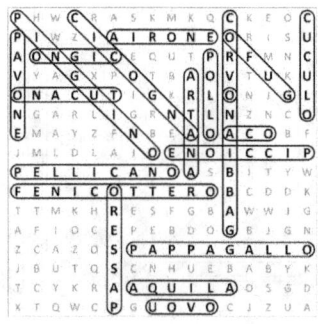

31 - Biologie

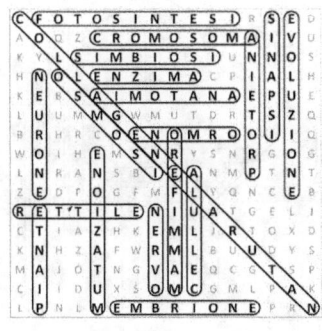

32 - Garten

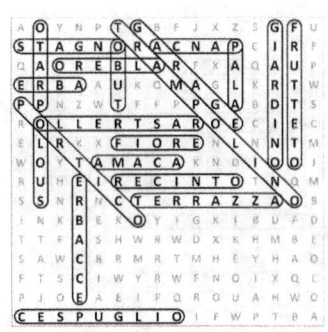

33 - Antarktis

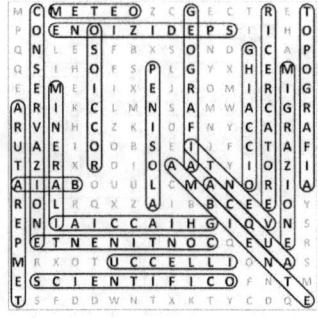

34 - Fahren

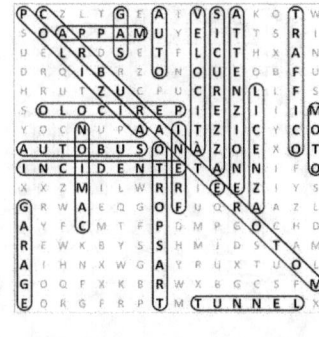

35 - Physik

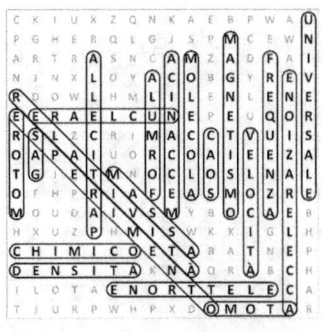

36 - Bücher

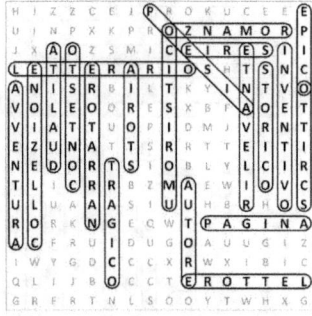

37 - Menschlicher Körper

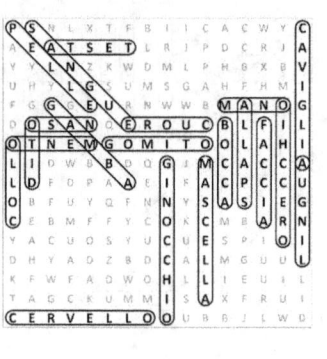

38 - Agronomie

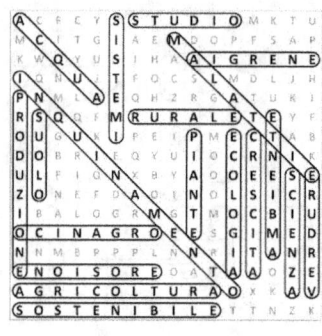

39 - Landschaften

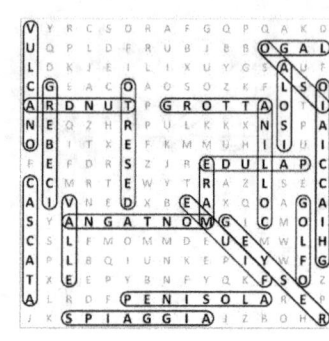

40 - Abenteuer

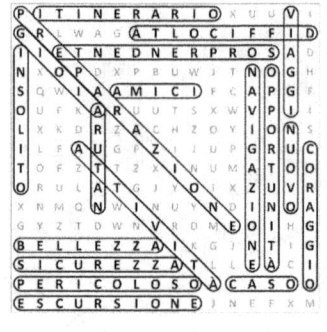

41 - Flugzeuge

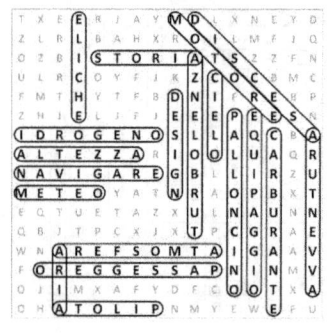

42 - Haartypen

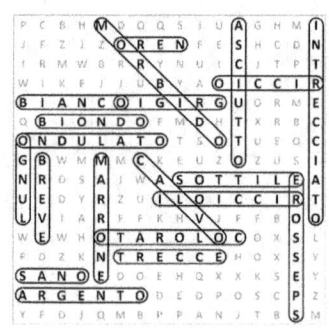

43 - Essen #1

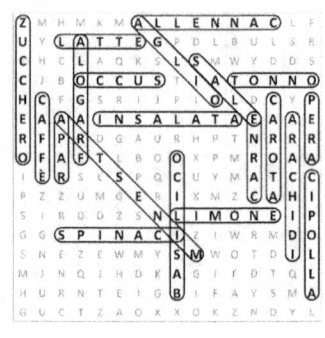

44 - Ethik

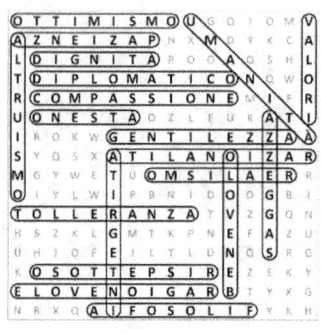

45 - Gebäude

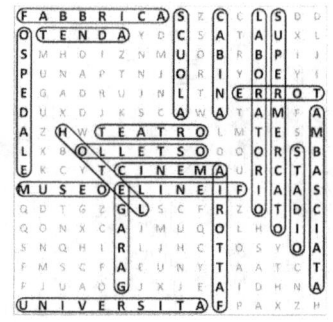

46 - Mode

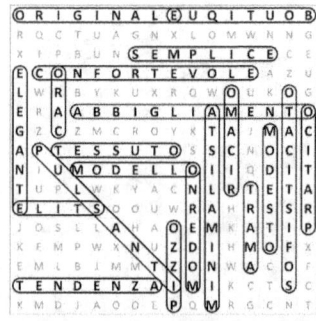

47 - Essen #2

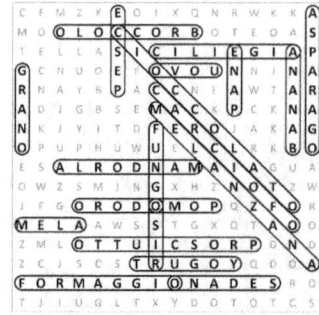

48 - Energie

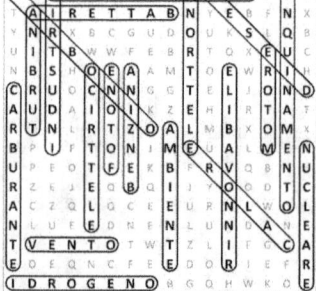

49 - Familie

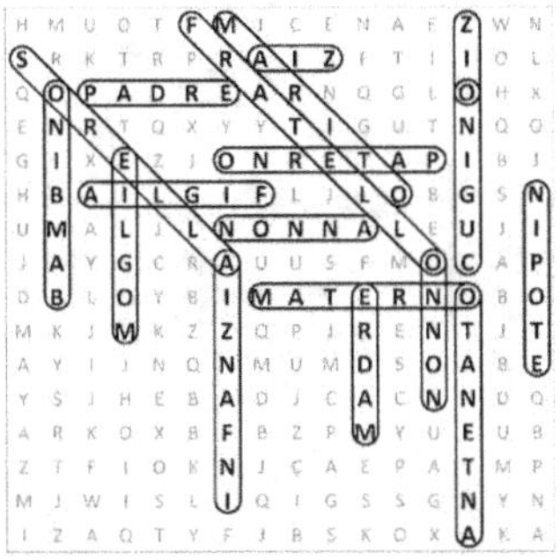

50 - Pflanzen

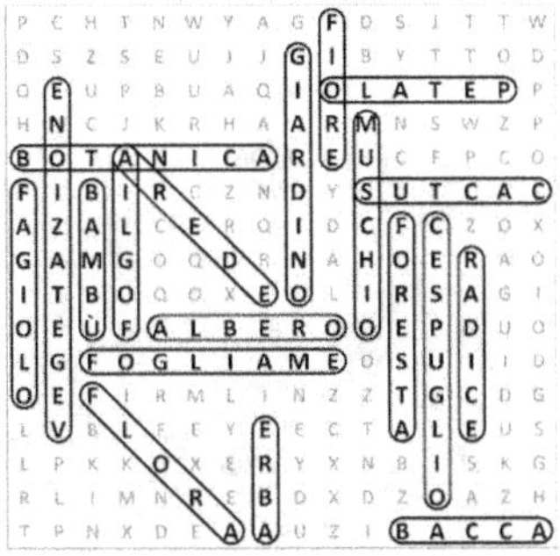

51 - Kunst

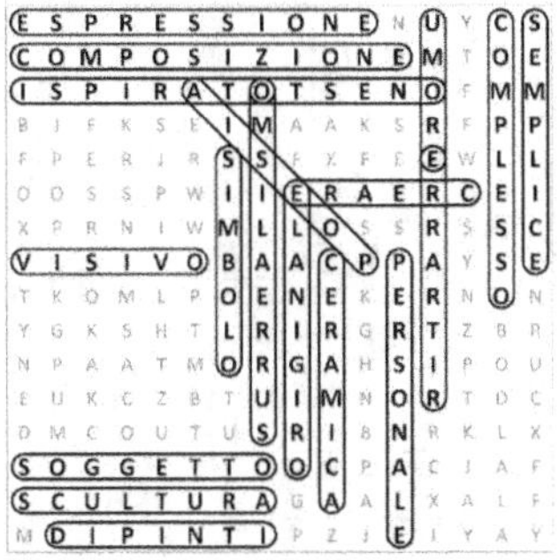

52 - Gewürze

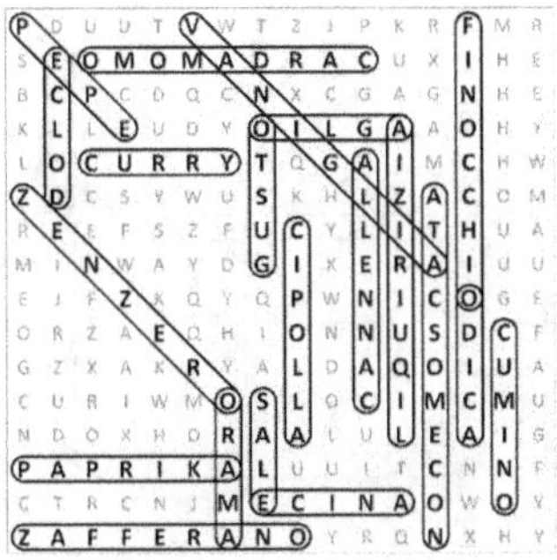

53 - Kreativität

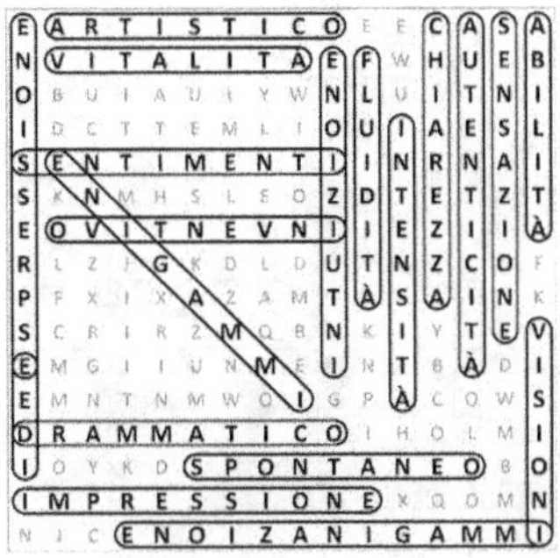

54 - Geschäft

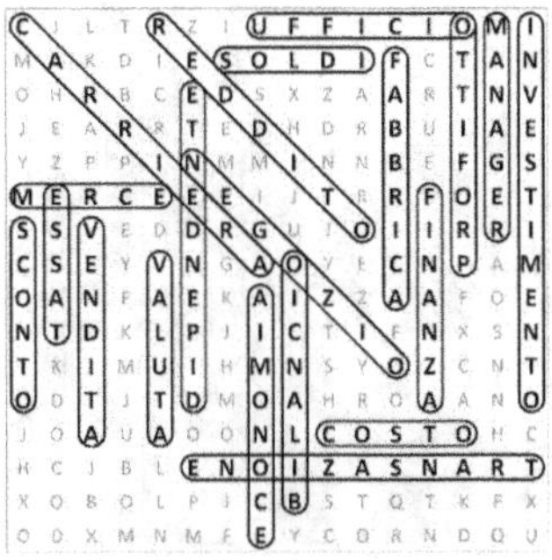

55 - Ingenieurwesen

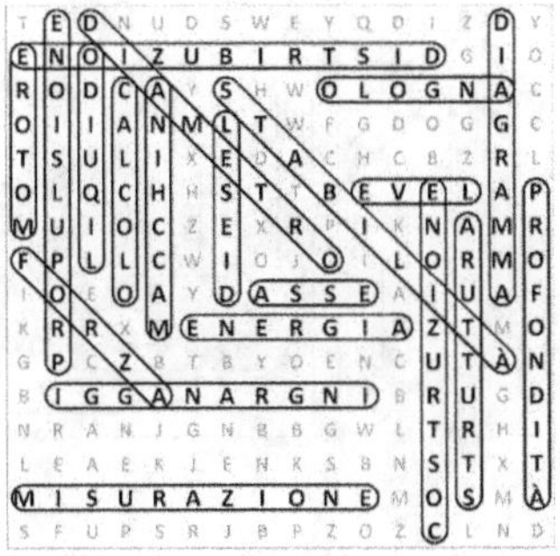

56 - Kaffee

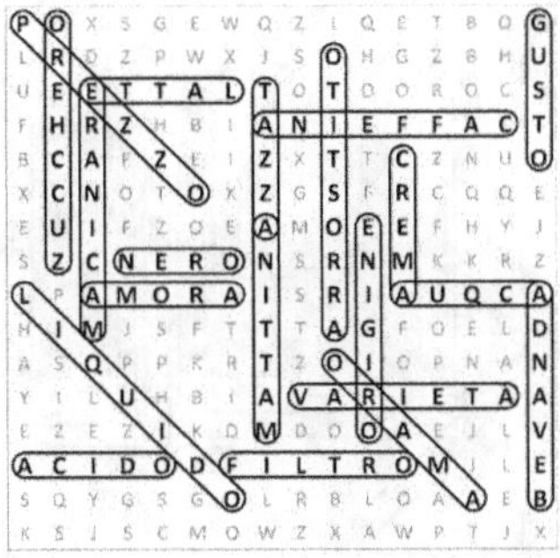

57 - Gemüse

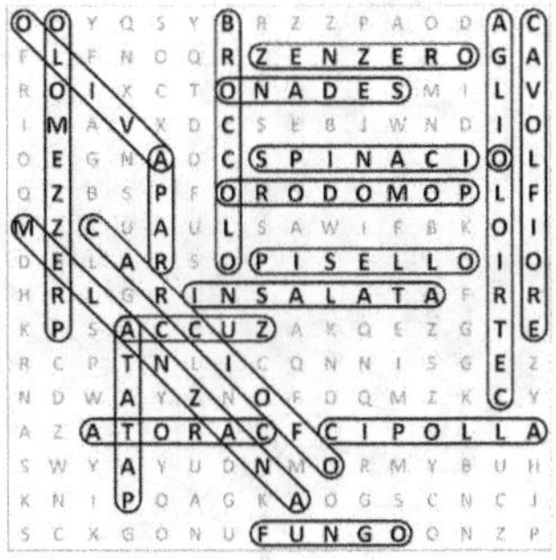

58 - Schönheit

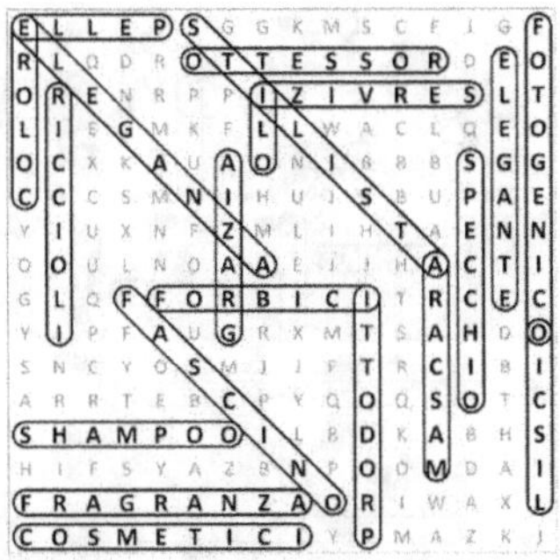

59 - Tanzen

60 - Ernährung

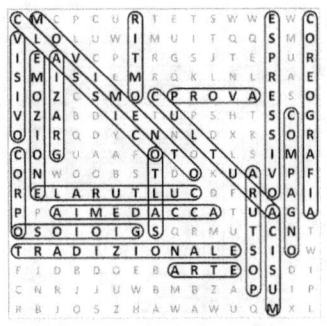

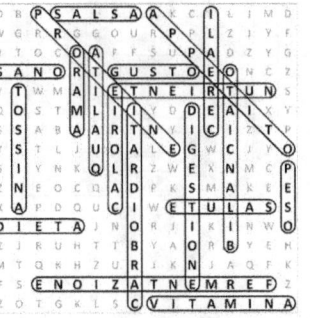

61 - Länder #1

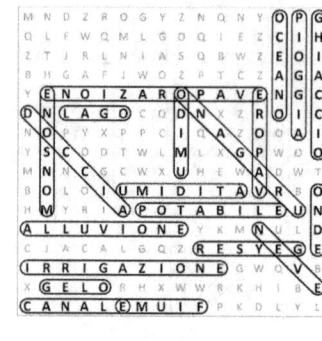

62 - Wasser

63 - Science Fiction

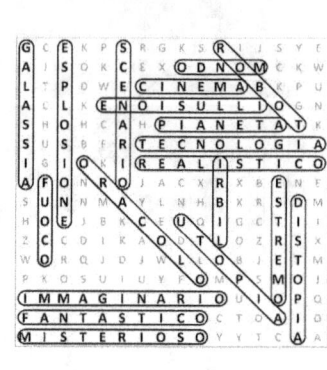

64 - Literatur

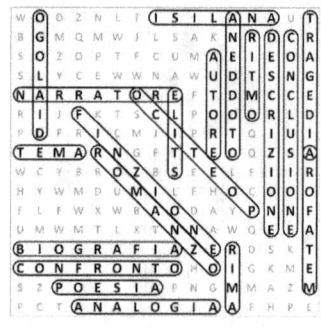

65 - Wandern

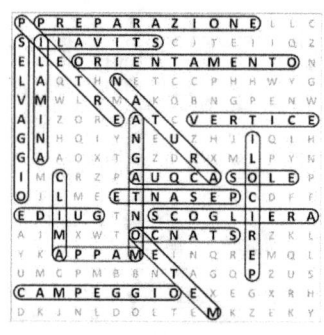

66 - Globale Erwärmung

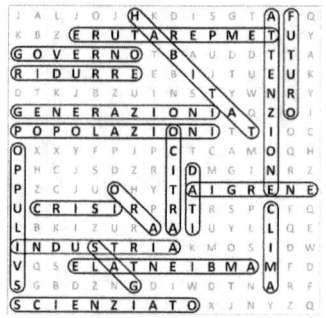

67 - Länder #2

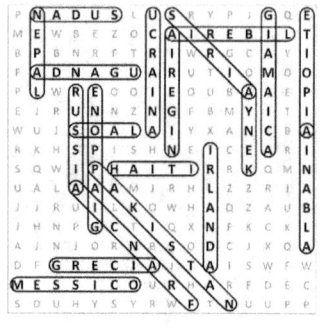

68 - Fahrzeuge

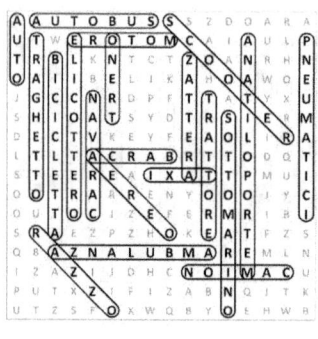

69 - Musikinstrumente

70 - Natur

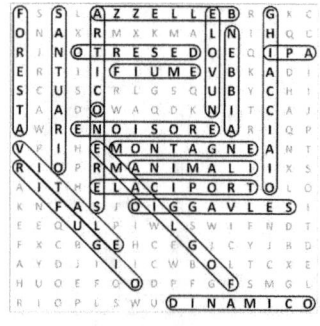

71 - Urlaub #2

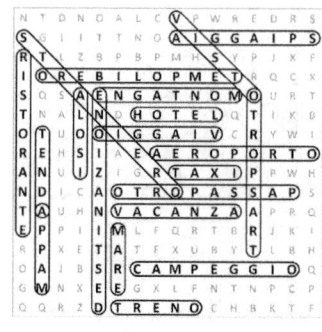

72 - Barbecues

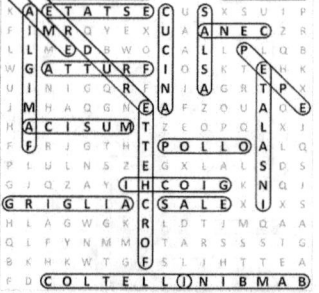

73 - Schach

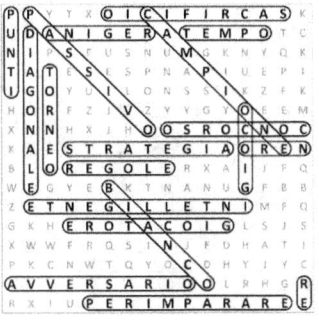

74 - Geographie

75 - Zahlen

76 - Tage und Monate

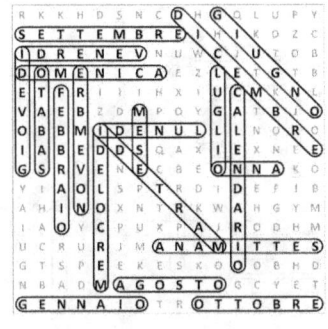

77 - Emotionen

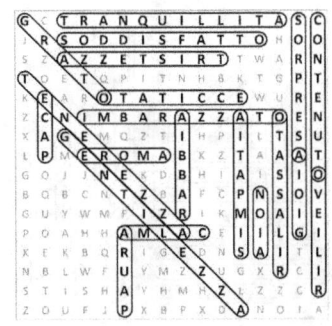

78 - Kräuterkunde

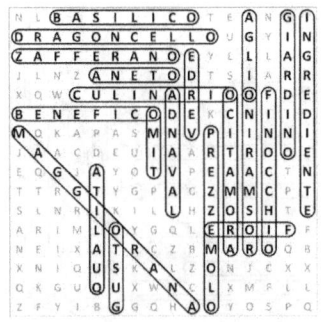

79 - Aktivitäten und Freizeit

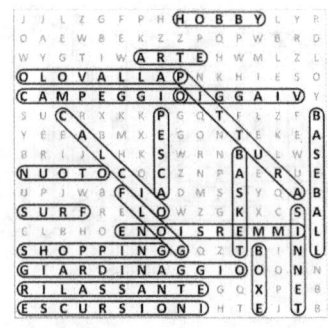

80 - Formen

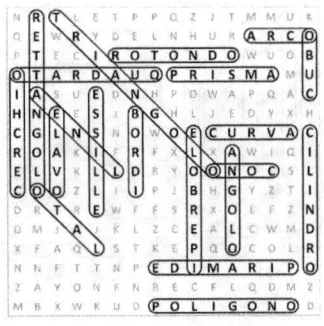

81 - Musik

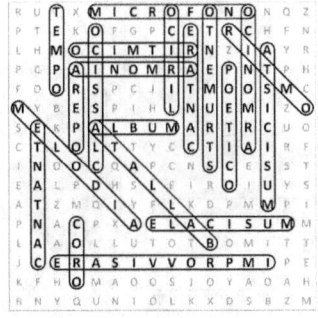

82 - Antiquitäten

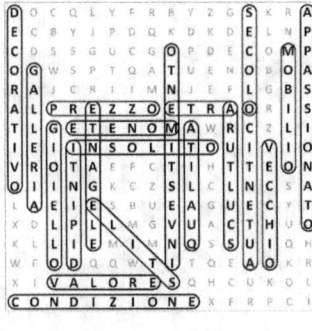

83 - Adjektive #2

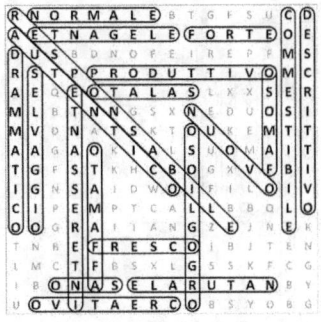

84 - Kleidung

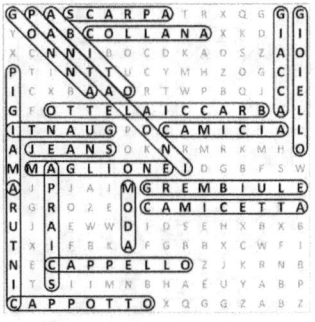

85 - Farben

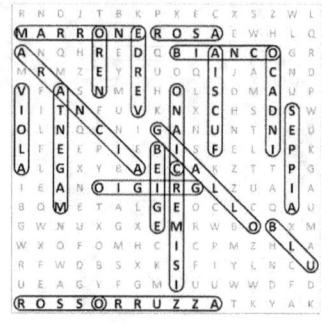

86 - Haus

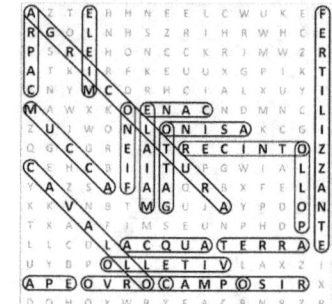

87 - Bauernhof #1

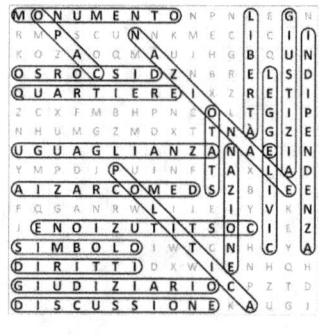

88 - Regierung

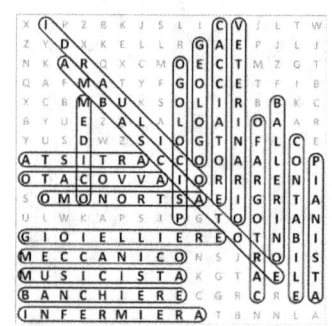

89 - Berufe #1

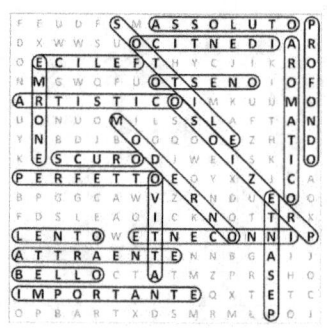

90 - Adjektive #1

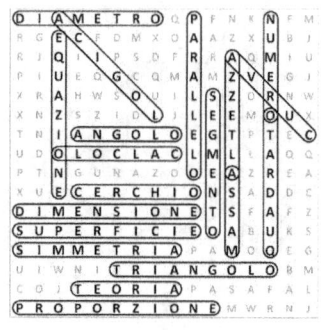

91 - Geometrie

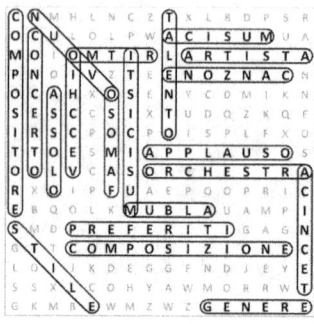

92 - Jazz

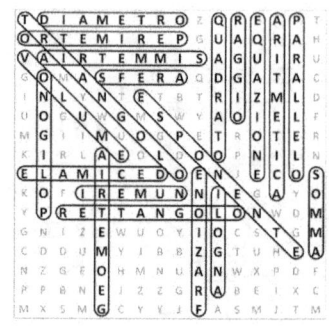

93 - Mathematik

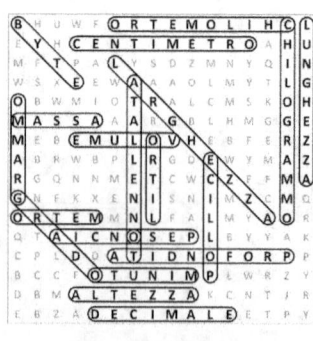

94 - Messungen

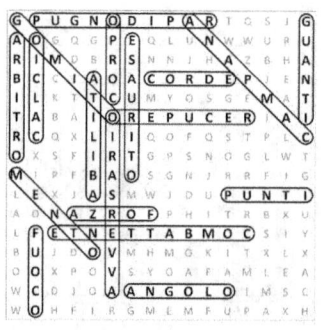

95 - Boxen

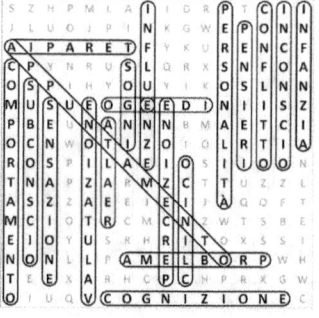

96 - Psychologie

97 - Bauernhof #2

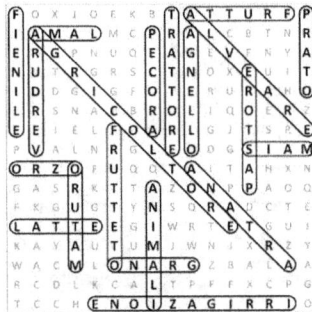

98 - Berufe #2

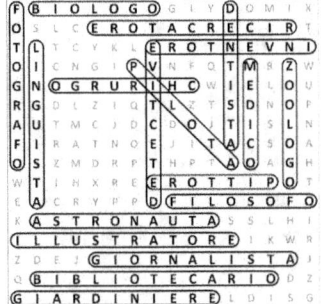

99 - Wetter

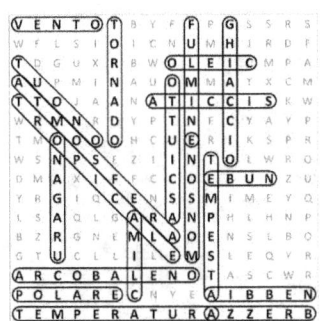

100 - Chemie

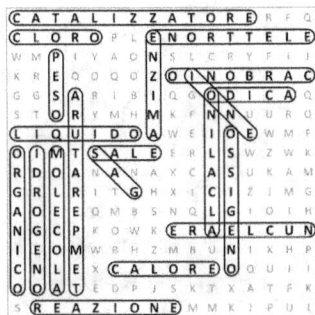

Wörterbuch

Abenteuer
Avventura

Aktivität	Attività
Ausflug	Escursione
Chance	Caso
Freude	Gioia
Freunde	Amici
Gefährlich	Pericoloso
Gelegenheit	Opportunità
Natur	Natura
Navigation	Navigazione
Neu	Nuovo
Reisen	Viaggi
Route	Itinerario
Schönheit	Bellezza
Schwierigkeit	Difficoltà
Sicherheit	Sicurezza
Tapferkeit	Coraggio
Ungewöhnlich	Insolito
Überraschend	Sorprendente
Vorbereitung	Preparazione
Ziel	Destinazione

Adjektive #1
Aggettivi #1

Absolut	Assoluto
Aktiv	Attivo
Aromatisch	Aromatico
Attraktiv	Attraente
Dunkel	Scuro
Dünn	Sottile
Ehrlich	Onesto
Glücklich	Felice
Identisch	Identico
Künstlerisch	Artistico
Langsam	Lento
Modern	Moderno
Perfekt	Perfetto
Riesig	Enorme
Schön	Bello
Schwer	Pesante
Tief	Profondo
Unschuldig	Innocente
Wertvoll	Prezioso
Wichtig	Importante

Adjektive #2
Aggettivi #2

Authentisch	Autentico
Berühmt	Famoso
Beschreibend	Descrittivo
Dramatisch	Drammatico
Elegant	Elegante
Essbar	Commestibile
Frisch	Fresco
Gesund	Sano
Hungrig	Affamato
Interessant	Interessante
Kreativ	Creativo
Natürlich	Naturale
Neu	Nuovo
Normal	Normale
Produktiv	Produttivo
Salzig	Salato
Stark	Forte
Stolz	Orgoglioso
Verantwortlich	Responsabile
Wild	Selvaggio

Agronomie
Agronomia

Boden	Suolo
Dünger	Fertilizzante
Energie	Energia
Erosion	Erosione
Gemüse	Verdure
Krankheit	Malattie
Landwirtschaft	Agricoltura
Ländlich	Rurale
Nachhaltig	Sostenibile
Organisch	Organico
Ökologie	Ecologia
Pflanzen	Piante
Produktion	Produzione
Studie	Studio
Systeme	Sistemi
Umwelt	Ambiente
Verschmutzung	Inquinamento
Wachstum	Crescita
Wasser	Acqua
Wissenschaft	Scienza

Aktivitäten
Attività

Aktivität	Attività
Angeln	Pesca
Camping	Campeggio
Entspannung	Rilassamento
Fotografie	Fotografia
Freizeit	Tempo Libero
Gartenarbeit	Giardinaggio
Gemälde	Pittura
Jagd	Caccia
Keramik	Ceramica
Kunst	Arte
Kunsthandwerk	Artigianato
Lesen	Lettura
Magie	Magia
Nähen	Cucire
Spiele	Giochi
Stricken	Maglieria
Tanzen	Danza
Vergnügen	Piacere
Wandern	Escursioni

Aktivitäten und Freizeit
Attività e Tempo Libero

Angeln	Pesca
Baseball	Baseball
Basketball	Basket
Boxen	Boxe
Camping	Campeggio
Einkaufen	Shopping
Entspannend	Rilassante
Fussball	Calcio
Gartenarbeit	Giardinaggio
Gemälde	Pittura
Golf	Golf
Hobbies	Hobby
Kunst	Arte
Reise	Viaggio
Schwimmen	Nuoto
Surfen	Surf
Tauchen	Immersione
Tennis	Tennis
Volleyball	Pallavolo
Wandern	Escursioni

Algebra
Algebra

Bruchteil	Frazione
Diagramm	Diagramma
Exponent	Esponente
Faktor	Fattore
Falsch	Falso
Formel	Formula
Gleichung	Equazione
Linear	Lineare
Lösen	Risolvere
Lösung	Soluzione
Matrix	Matrice
Menge	Quantità
Null	Zero
Nummer	Numero
Problem	Problema
Subtraktion	Sottrazione
Summe	Somma
Unendlich	Infinito
Variable	Variabile
Vereinfachen	Semplificare

Antarktis
Antartide

Bucht	Baia
Eis	Ghiaccio
Erhaltung	Conservazione
Expedition	Spedizione
Felsig	Roccioso
Forscher	Ricercatore
Geographie	Geografia
Gletscher	Ghiacciai
Halbinsel	Penisola
Kontinent	Continente
Migration	Migrazione
Mineralien	Minerali
Temperatur	Temperatura
Topographie	Topografia
Umwelt	Ambiente
Vögel	Uccelli
Wasser	Acqua
Wetter	Meteo
Wind	Venti
Wissenschaftlich	Scientifico

Antiquitäten
Antiquariato

Alt	Vecchio
Authentisch	Autentico
Dekorativ	Decorativo
Elegant	Elegante
Enthusiast	Appassionato
Galerie	Galleria
Gemälde	Dipinti
Investition	Investimento
Jahrhundert	Secolo
Kunst	Arte
Möbel	Mobilio
Münzen	Monete
Preis	Prezzo
Qualität	Qualità
Schmuck	Gioiello
Skulptur	Scultura
Stil	Stile
Ungewöhnlich	Insolito
Wert	Valore
Zustand	Condizione

Archäologie
Archeologia

Analyse	Analisi
Antiquität	Antichità
Auswertung	Valutazione
Ära	Era
Experte	Esperto
Forscher	Ricercatore
Fossil	Fossile
Geheimnis	Mistero
Grab	Tomba
Knochen	Ossa
Mannschaft	Squadra
Nachkomme	Discendente
Objekte	Oggetti
Professor	Professore
Relikt	Reliquia
Tempel	Tempio
Unbekannt	Sconosciuto
Uralt	Antico
Vergessen	Dimenticato
Zivilisation	Civiltà

Astronomie
Astronomia

Asteroid	Asteroide
Astronaut	Astronauta
Astronom	Astronomo
Erde	Terra
Himmel	Cielo
Komet	Cometa
Konstellation	Costellazione
Kosmos	Cosmo
Meteor	Meteora
Mond	Luna
Nebel	Nebulosa
Observatorium	Osservatorio
Planet	Pianeta
Rakete	Razzo
Satellit	Satellite
Stern	Stella
Supernova	Supernova
Teleskop	Telescopio
Tierkreis	Zodiaco
Universum	Universo

Ballett
Balletto

Anmutig	Grazioso
Applaus	Applauso
Ausdrucksvoll	Espressivo
Ballerina	Ballerina
Choreographie	Coreografia
Fähigkeit	Abilità
Geste	Gesto
Intensität	Intensità
Komponist	Compositore
Künstlerisch	Artistico
Musik	Musica
Muskel	Muscoli
Orchester	Orchestra
Probe	Prova
Publikum	Pubblico
Rhythmus	Ritmo
Solo	Assolo
Stil	Stile
Tänzer	Ballerini
Technik	Tecnica

Barbecues
Barbecue

Abendessen	Cena
Familie	Famiglia
Frucht	Frutta
Gabeln	Forchette
Gemüse	Verdure
Grill	Griglia
Heiss	Caldo
Huhn	Pollo
Hunger	Fame
Kinder	Bambini
Kochen	Cucina
Messer	Coltelli
Mittagessen	Pranzo
Musik	Musica
Pfeffer	Pepe
Salate	Insalate
Salz	Sale
Sommer	Estate
Sosse	Salsa
Spiele	Giochi

Bauernhof #1
Fattoria #1

Biene	Ape
Dünger	Fertilizzante
Esel	Asino
Feld	Campo
Heu	Fieno
Honig	Miele
Huhn	Pollo
Hund	Cane
Kalb	Vitello
Katze	Gatto
Krähe	Corvo
Kuh	Mucca
Land	Terra
Landwirtschaft	Agricoltura
Pferd	Cavallo
Reis	Riso
Schwein	Maiale
Wasser	Acqua
Zaun	Recinto
Ziege	Capra

Bauernhof #2
Fattoria #2

Bauer	Agricoltore
Bewässerung	Irrigazione
Bienenstock	Alveare
Ente	Anatra
Frucht	Frutta
Gemüse	Verdura
Gerste	Orzo
Lama	Lama
Lamm	Agnello
Mais	Mais
Milch	Latte
Obstgarten	Frutteto
Reif	Maturo
Schaf	Pecora
Schäfer	Pastore
Scheune	Fienile
Tiere	Animali
Traktor	Trattore
Weizen	Grano
Wiese	Prato

Berufe #1
Professioni #1

Arzt	Medico
Astronom	Astronomo
Bankier	Banchiere
Botschafter	Ambasciatore
Buchhalter	Contabile
Geologe	Geologo
Jäger	Cacciatore
Juwelier	Gioielliere
Kartograph	Cartografo
Klempner	Idraulico
Krankenschwester	Infermiera
Künstler	Artista
Mechaniker	Meccanico
Musiker	Musicista
Pianist	Pianista
Psychologe	Psicologo
Rechtsanwalt	Avvocato
Tänzer	Ballerino
Tierarzt	Veterinario
Trainer	Allenatore

Berufe #2
Professioni #2

Arzt	Medico
Astronaut	Astronauta
Bibliothekar	Bibliotecario
Biologe	Biologo
Chirurg	Chirurgo
Detektiv	Detective
Erfinder	Inventore
Forscher	Ricercatore
Fotograf	Fotografo
Gärtner	Giardiniere
Illustrator	Illustratore
Ingenieur	Ingegnere
Journalist	Giornalista
Lehrer	Insegnante
Linguist	Linguista
Maler	Pittore
Philosoph	Filosofo
Pilot	Pilota
Zahnarzt	Dentista
Zoologe	Zoologo

Bienen
Api

Bienenkorb	Alveare
Blumen	Fiori
Blüte	Fiorire
Essen	Cibo
Flügel	Ali
Frucht	Frutta
Garten	Giardino
Honig	Miele
Insekt	Insetto
Königin	Regina
Lebensraum	Habitat
Ökosystem	Ecosistema
Pflanzen	Piante
Pollen	Polline
Rauch	Fumo
Schwarm	Sciame
Sonne	Sole
Vielfalt	Diversità
Vorteilhaft	Benefico
Wachs	Cera

Bildende Kunst
Arti Visive

Architektur	Architettura
Bleistift	Matita
Film	Film
Foto	Fotografia
Gemälde	Pittura
Holzkohle	Carbone
Keramik	Ceramica
Kreativität	Creatività
Kreide	Gesso
Künstler	Artista
Lack	Vernice
Meisterwerk	Capolavoro
Perspektive	Prospettiva
Porträt	Ritratto
Schablone	Stampino
Skulptur	Scultura
Staffelei	Cavalletto
Stift	Penna
Ton	Argilla
Wachs	Cera

Biologie
Biologia

Anatomie	Anatomia
Chromosom	Cromosoma
Embryo	Embrione
Enzym	Enzima
Evolution	Evoluzione
Hormon	Ormone
Kollagen	Collagene
Mutation	Mutazione
Natürlich	Naturale
Nerv	Nervo
Neuron	Neurone
Osmose	Osmosi
Pflanzen	Piante
Photosynthese	Fotosintesi
Protein	Proteina
Reptil	Rettile
Säugetier	Mammifero
Symbiose	Simbiosi
Synapse	Sinapsi
Zelle	Cellula

Boote
Imbarcazioni

Anker	Ancora
Boje	Boa
Crew	Equipaggio
Dock	Dock
Fähre	Traghetto
Floss	Zattera
Fluss	Fiume
Kajak	Kayak
Kanu	Canoa
Mast	Albero
Meer	Mare
Motor	Motore
Nautisch	Nautico
Ozean	Oceano
See	Lago
Seemann	Marinaio
Segelboot	Barca a Vela
Seil	Corda
Wellen	Onde
Yacht	Yacht

Boxen
Boxe

Ecke	Angolo
Ellbogen	Gomito
Erschöpft	Esaurito
Faust	Pugno
Fähigkeit	Abilità
Fokus	Fuoco
Gegner	Avversario
Glocke	Campana
Handschuhe	Guanti
Kämpfer	Combattente
Kick	Calcio
Kinn	Mento
Körper	Corpo
Punkte	Punti
Recovery	Recupero
Schiedsrichter	Arbitro
Schnell	Rapido
Seile	Corde
Stärke	Forza

Bücher
Libri

Abenteuer	Avventura
Autor	Autore
Dualität	Dualità
Episch	Epico
Erfinderisch	Inventivo
Erzähler	Narratore
Geschichte	Storia
Geschrieben	Scritto
Historisch	Storico
Humorvoll	Umoristico
Kollektion	Collezione
Kontext	Contesto
Leser	Lettore
Literarisch	Letterario
Poesie	Poesia
Relevant	Rilevante
Roman	Romanzo
Seite	Pagina
Serie	Serie
Tragisch	Tragico

Camping
Campeggio

Abenteuer	Avventura
Berg	Montagna
Feuer	Fuoco
Hängematte	Amaca
Hut	Cappello
Insekt	Insetto
Jagd	Caccia
Kabine	Cabina
Kanu	Canoa
Karte	Mappa
Kompass	Bussola
Laterne	Lanterna
Mond	Luna
Natur	Natura
See	Lago
Seil	Corda
Spass	Divertimento
Tiere	Animali
Wald	Foresta
Zelt	Tenda

Chemie
Chimica

Alkalisch	Alcalino
Chlor	Cloro
Elektron	Elettrone
Enzym	Enzima
Flüssigkeit	Liquido
Gas	Gas
Gewicht	Peso
Hitze	Calore
Ion	Ione
Katalysator	Catalizzatore
Kohlenstoff	Carbonio
Molekül	Molecola
Nuklear	Nucleare
Organisch	Organico
Reaktion	Reazione
Salz	Sale
Sauerstoff	Ossigeno
Säure	Acido
Temperatur	Temperatura
Wasserstoff	Idrogeno

Diplomatie
Diplomazia

Ausländisch	Straniero
Berater	Consigliere
Botschaft	Ambasciata
Botschafter	Ambasciatore
Bürger	Cittadini
Diplomatisch	Diplomatico
Diskussion	Discussione
Ethik	Etica
Gemeinschaft	Comunità
Gerechtigkeit	Giustizia
Humanitär	Umanitario
Integrität	Integrità
Konflikt	Conflitto
Lösung	Soluzione
Politik	Politica
Regierung	Governo
Sicherheit	Sicurezza
Sprachen	Lingue
Vertrag	Trattato
Zusammenarbeit	Cooperazione

Emotionen
Emozioni

Angst	Paura
Aufgeregt	Eccitato
Beschämt	Imbarazzato
Dankbar	Grato
Entspannt	Rilassato
Freude	Gioia
Freundlichkeit	Gentilezza
Frieden	Pace
Inhalt	Contenuto
Langeweile	Noia
Liebe	Amore
Relief	Rilievo
Ruhe	Tranquillità
Ruhig	Calma
Sympathie	Simpatia
Traurigkeit	Tristezza
Überraschen	Sorpresa
Wut	Rabbia
Zärtlichkeit	Tenerezza
Zufrieden	Soddisfatto

Energie
Energia

Batterie	Batteria
Benzin	Benzina
Brennstoff	Carburante
Diesel	Diesel
Elektrisch	Elettrico
Elektron	Elettrone
Entropie	Entropia
Erneuerbar	Rinnovabile
Hitze	Calore
Industrie	Industria
Kohlenstoff	Carbonio
Motor	Motore
Nuklear	Nucleare
Photon	Fotone
Sonne	Sole
Turbine	Turbina
Umwelt	Ambiente
Verschmutzung	Inquinamento
Wasserstoff	Idrogeno
Wind	Vento

Ernährung
Nutrizione

Appetit	Appetito
Ausgewogen	Bilanciato
Bitter	Amaro
Diät	Dieta
Essbar	Commestibile
Fermentation	Fermentazione
Geschmack	Gusto
Gesund	Sano
Gesundheit	Salute
Getreide	Cereali
Gewicht	Peso
Kalorien	Calorie
Kohlenhydrate	Carboidrati
Nährstoff	Nutriente
Proteine	Proteine
Qualität	Qualità
Sosse	Salsa
Toxin	Tossina
Verdauung	Digestione
Vitamin	Vitamina

Essen #1
Cibo #1

Basilikum	Basilico
Birne	Pera
Erdbeere	Fragola
Erdnuss	Arachidi
Fleisch	Carne
Kaffee	Caffè
Karotte	Carota
Knoblauch	Aglio
Milch	Latte
Rübe	Rapa
Saft	Succo
Salat	Insalata
Salz	Sale
Spinat	Spinaci
Suppe	Minestra
Thunfisch	Tonno
Zimt	Cannella
Zitrone	Limone
Zucker	Zucchero
Zwiebel	Cipolla

Essen #2
Cibo #2

Apfel	Mela
Artischocke	Carciofo
Aubergine	Melanzana
Banane	Banana
Brokkoli	Broccolo
Brot	Pane
Ei	Uovo
Fisch	Pesce
Joghurt	Yogurt
Käse	Formaggio
Kirsche	Ciliegia
Mandel	Mandorla
Pilz	Fungo
Reis	Riso
Schinken	Prosciutto
Schokolade	Cioccolato
Sellerie	Sedano
Spargel	Asparago
Tomate	Pomodoro
Weizen	Grano

Ethik
Etica

Altruismus	Altruismo
Diplomatisch	Diplomatico
Ehrlichkeit	Onestà
Freundlichkeit	Gentilezza
Geduld	Pazienza
Integrität	Integrità
Menschheit	Umanità
Mitgefühl	Compassione
Optimismus	Ottimismo
Philosophie	Filosofia
Rationalität	Razionalità
Realismus	Realismo
Respektvoll	Rispettoso
Toleranz	Tolleranza
Vernünftig	Ragionevole
Weisheit	Saggezza
Werte	Valori
Wohlwollend	Benevolo
Würde	Dignità
Zusammenarbeit	Cooperazione

Fahren
Guida

Auto	Auto
Bremsen	Freni
Brennstoff	Carburante
Bus	Autobus
Garage	Garage
Gas	Gas
Gefahr	Pericolo
Geschwindigkeit	Velocità
Karte	Mappa
Lizenz	Licenza
Lkw	Camion
Motor	Motore
Motorrad	Moto
Polizei	Polizia
Sicherheit	Sicurezza
Transport	Trasporto
Tunnel	Tunnel
Unfall	Incidente
Verkehr	Traffico
Vorsicht	Attenzione

Fahrzeuge
Veicoli

Auto	Auto
Boot	Barca
Bus	Autobus
Fahrrad	Bicicletta
Fähre	Traghetto
Floss	Zattera
Flugzeug	Aereo
Hubschrauber	Elicottero
Krankenwagen	Ambulanza
Lkw	Camion
Motor	Motore
Rakete	Razzo
Reifen	Pneumatici
Roller	Scooter
Taxi	Taxi
Traktor	Trattore
U-Bahn	Metropolitana
U-Boot	Sottomarino
Wohnwagen	Caravan
Zug	Treno

Familie
Famiglia

Bruder	Fratello
Ehefrau	Moglie
Ehemann	Marito
Enkel	Nipote
Grossmutter	Nonna
Grossvater	Nonno
Kind	Bambino
Kindheit	Infanzia
Mutter	Madre
Mütterlich	Materno
Neffe	Nipote
Nichte	Nipote
Onkel	Zio
Schwester	Sorella
Tante	Zia
Tochter	Figlia
Vater	Padre
Väterlich	Paterno
Vetter	Cugino
Vorfahr	Antenato

Farben
Colori

Azurblau	Azzurro
Beige	Beige
Blau	Blu
Braun	Marrone
Fuchsie	Fucsia
Gelb	Giallo
Grau	Grigio
Grün	Verde
Indigo	Indaco
Lila	Viola
Magenta	Magenta
Orange	Arancia
Purpur	Cremisi
Rosa	Rosa
Rot	Rosso
Schwarz	Nero
Sepia	Seppia
Weiss	Bianco
Zyan	Ciano

Flugzeuge
Aeroplani

Abenteuer	Avventura
Abstieg	Discesa
Atmosphäre	Atmosfera
Ballon	Palloncino
Brennstoff	Carburante
Crew	Equipaggio
Design	Design
Geschichte	Storia
Himmel	Cielo
Höhe	Altezza
Konstruktion	Costruzione
Luft	Aria
Motor	Motore
Navigieren	Navigare
Passagier	Passeggero
Pilot	Pilota
Propeller	Eliche
Turbulenz	Turbolenza
Wasserstoff	Idrogeno
Wetter	Meteo

Formen
Forme

Bogen	Arco
Dreieck	Triangolo
Ecke	Angolo
Ellipse	Ellisse
Hyperbel	Iperbole
Kanten	Bordi
Kegel	Cono
Kreis	Cerchio
Kurve	Curva
Linie	Linea
Oval	Ovale
Polygon	Poligono
Prisma	Prisma
Pyramide	Piramide
Quadrat	Quadrato
Rechteck	Rettangolo
Rund	Rotondo
Seite	Lato
Würfel	Cubo
Zylinder	Cilindro

Garten
Giardino

Bank	Panca
Baum	Albero
Blume	Fiore
Boden	Suolo
Busch	Cespuglio
Garage	Garage
Garten	Giardino
Gras	Erba
Hängematte	Amaca
Obstgarten	Frutteto
Rasen	Prato
Rechen	Rastrello
Schaufel	Pala
Schlauch	Tubo
Teich	Stagno
Terrasse	Terrazza
Trampolin	Trampolino
Unkraut	Erbacce
Veranda	Portico
Zaun	Recinto

Gebäude
Edifici

Bauernhof	Fattoria
Botschaft	Ambasciata
Fabrik	Fabbrica
Garage	Garage
Herberge	Ostello
Hotel	Hotel
Kabine	Cabina
Kino	Cinema
Krankenhaus	Ospedale
Labor	Laboratorio
Museum	Museo
Observatorium	Osservatorio
Scheune	Fienile
Schule	Scuola
Stadion	Stadio
Supermarkt	Supermercato
Theater	Teatro
Turm	Torre
Universität	Università
Zelt	Tenda

Gemüse
Verdure

Artischocke	Carciofo
Aubergine	Melanzana
Blumenkohl	Cavolfiore
Brokkoli	Broccolo
Erbse	Pisello
Gurke	Cetriolo
Ingwer	Zenzero
Karotte	Carota
Kartoffel	Patata
Knoblauch	Aglio
Kürbis	Zucca
Olive	Oliva
Petersilie	Prezzemolo
Pilz	Fungo
Rübe	Rapa
Salat	Insalata
Sellerie	Sedano
Spinat	Spinaci
Tomate	Pomodoro
Zwiebel	Cipolla

Geographie
Geografia

Atlas	Atlante
Äquator	Equatore
Berg	Montagna
Breite	Latitudine
Fluss	Fiume
Gebiet	Territorio
Hemisphäre	Emisfero
Höhe	Altitudine
Insel	Isola
Karte	Mappa
Kontinent	Continente
Land	Paese
Meer	Mare
Meridian	Meridiano
Norden	Nord
Ozean	Oceano
Region	Regione
Stadt	Città
Welt	Mondo
West	Ovest

Geologie
Geologia

Erdbeben	Terremoto
Erosion	Erosione
Fossil	Fossile
Geschmolzen	Fuso
Geysir	Geyser
Höhle	Caverna
Kalzium	Calcio
Kontinent	Continente
Koralle	Corallo
Lava	Lava
Mineralien	Minerali
Plateau	Altopiano
Quarz	Quarzo
Salz	Sale
Säure	Acido
Stalagmiten	Stalagmiti
Stalaktit	Stalattite
Stein	Pietra
Vulkan	Vulcano
Zone	Zona

Geometrie
Geometria

Anteil	Proporzione
Berechnung	Calcolo
Dimension	Dimensione
Dreieck	Triangolo
Durchmesser	Diametro
Gleichung	Equazione
Horizontal	Orizzontale
Höhe	Altezza
Kreis	Cerchio
Kurve	Curva
Logik	Logica
Masse	Massa
Nummer	Numero
Oberfläche	Superficie
Parallel	Parallelo
Quadrat	Quadrato
Segment	Segmento
Symmetrie	Simmetria
Theorie	Teoria
Winkel	Angolo

Geschäft
Attività Commerciale

Budget	Bilancio
Büro	Ufficio
Einkommen	Reddito
Fabrik	Fabbrica
Finanzieren	Finanza
Geld	Soldi
Geschäft	Negozio
Gewinn	Profitto
Investition	Investimento
Karriere	Carriera
Kosten	Costo
Manager	Manager
Mitarbeiter	Dipendente
Rabatt	Sconto
Steuern	Tasse
Transaktion	Transazione
Verkauf	Vendita
Ware	Merce
Währung	Valuta
Wirtschaft	Economia

Gesundheit und Wellness #1
Salute e Benessere #1

Aktiv	Attivo
Apotheke	Farmacia
Arzt	Medico
Bakterien	Batteri
Behandlung	Trattamento
Entspannung	Rilassamento
Fraktur	Frattura
Gewohnheit	Abitudine
Haut	Pelle
Hormone	Ormoni
Höhe	Altezza
Hunger	Fame
Klinik	Clinica
Knochen	Ossa
Medizin	Medicina
Nerven	Nervi
Reflex	Riflesso
Therapie	Terapia
Verletzung	Lesione
Virus	Virus

Gesundheit und Wellness #2
Salute e Benessere #2

Allergie	Allergia
Anatomie	Anatomia
Appetit	Appetito
Blut	Sangue
Diät	Dieta
Energie	Energia
Genetik	Genetica
Gesund	Sano
Gewicht	Peso
Hygiene	Igiene
Infektion	Infezione
Kalorie	Caloria
Krankenhaus	Ospedale
Krankheit	Malattia
Massage	Massaggio
Risiken	Rischi
Schlafen	Dormire
Sport	Sportivo
Stress	Stress
Vitamin	Vitamina

Gewürze
Spezie

Anis	Anice
Bitter	Amaro
Curry	Curry
Fenchel	Finocchio
Geschmack	Gusto
Ingwer	Zenzero
Kardamom	Cardamomo
Knoblauch	Aglio
Kreuzkümmel	Cumino
Lakritze	Liquirizia
Muskatnuss	Noce Moscata
Paprika	Paprika
Pfeffer	Pepe
Safran	Zafferano
Salz	Sale
Sauer	Acido
Süss	Dolce
Vanille	Vaniglia
Zimt	Cannella
Zwiebel	Cipolla

Globale Erwärmung
Riscaldamento Globale

Arktis	Artico
Aufmerksamkeit	Attenzione
Bevölkerung	Popolazioni
Daten	Dati
Energie	Energia
Entwicklung	Sviluppo
Gas	Gas
Generationen	Generazioni
Gesetzgebung	Legislazione
Industrie	Industria
Jetzt	Ora
Klima	Clima
Krise	Crisi
Lebensraum	Habitat
Reduzieren	Ridurre
Regierung	Governo
Temperaturen	Temperature
Umwelt	Ambientale
Wissenschaftler	Scienziato
Zukunft	Futuro

Haartypen
Tipi di Capelli

Blond	Biondo
Braun	Marrone
Dick	Spessore
Dünn	Sottile
Farbig	Colorato
Geflochten	Intrecciato
Gesund	Sano
Grau	Grigio
Kahl	Calvo
Kurz	Breve
Lang	Lungo
Locken	Riccioli
Lockig	Riccio
Schwarz	Nero
Silber	Argento
Trocken	Asciutto
Weich	Morbido
Weiss	Bianco
Wellig	Ondulato
Zöpfe	Trecce

Haus
Casa

Besen	Scopa
Bibliothek	Biblioteca
Dach	Tetto
Dachboden	Attico
Decke	Soffitto
Dusche	Doccia
Fenster	Finestra
Garage	Garage
Garten	Giardino
Kamin	Camino
Küche	Cucina
Lampe	Lampada
Möbel	Mobilio
Schlüssel	Chiavi
Spiegel	Specchio
Treppe	Scale
Tür	Porta
Wand	Parete
Zaun	Recinto
Zimmer	Camera

Ingenieurwesen
Ingegneria

Achse	Asse
Antrieb	Propulsione
Berechnung	Calcolo
Diagramm	Diagramma
Diesel	Diesel
Durchmesser	Diametro
Energie	Energia
Flüssigkeit	Liquido
Getriebe	Ingranaggi
Hebel	Leve
Konstruktion	Costruzione
Maschine	Macchina
Messung	Misurazione
Motor	Motore
Stabilität	Stabilità
Stärke	Forza
Struktur	Struttura
Tiefe	Profondità
Verteilung	Distribuzione
Winkel	Angolo

Jazz
Jazz

Album	Album
Alt	Vecchio
Applaus	Applauso
Berühmt	Famoso
Favoriten	Preferiti
Genre	Genere
Komponist	Compositore
Konzert	Concerto
Künstler	Artista
Lied	Canzone
Musik	Musica
Musiker	Musicisti
Neu	Nuovo
Orchester	Orchestra
Rhythmus	Ritmo
Solo	Assolo
Stil	Stile
Talent	Talento
Technik	Tecnica
Zusammensetzung	Composizione

Kaffee
Caffè

Aroma	Aroma
Bitter	Amaro
Creme	Crema
Filter	Filtro
Flüssigkeit	Liquido
Geröstet	Arrostito
Geschmack	Gusto
Getränk	Bevanda
Koffein	Caffeina
Mahlen	Macinare
Milch	Latte
Morgen	Mattina
Preis	Prezzo
Sauer	Acido
Schwarz	Nero
Tasse	Tazza
Ursprung	Origine
Vielfalt	Varietà
Wasser	Acqua
Zucker	Zucchero

Kleidung
Vestiti

Armband	Braccialetto
Bluse	Camicetta
Gürtel	Cintura
Halskette	Collana
Handschuhe	Guanti
Hemd	Camicia
Hose	Pantaloni
Hut	Cappello
Jacke	Giacca
Jeans	Jeans
Kleid	Abito
Mantel	Cappotto
Mode	Moda
Pullover	Maglione
Rock	Gonna
Schal	Sciarpa
Schlafanzug	Pigiama
Schmuck	Gioiello
Schuh	Scarpa
Schürze	Grembiule

Krankheit
Malattia

Abdominal	Addominale
Allergien	Allergie
Ansteckend	Contagioso
Atemwege	Respiratorio
Bakteriell	Batterico
Chronisch	Cronico
Entzündung	Infiammazione
Erblich	Ereditario
Genetisch	Genetico
Gesundheit	Salute
Herz	Cuore
Immunität	Immunità
Knochen	Ossa
Körper	Corpo
Neuropathie	Neuropatia
Schwach	Debole
Sinus	Seno
Syndrom	Sindrome
Therapie	Terapia
Wellness	Benessere

Kräuterkunde
Erboristeria

Aromatisch	Aromatico
Basilikum	Basilico
Blume	Fiore
Dill	Aneto
Estragon	Dragoncello
Fenchel	Finocchio
Garten	Giardino
Geschmack	Gusto
Grün	Verde
Knoblauch	Aglio
Kulinarisch	Culinario
Lavendel	Lavanda
Majoran	Maggiorana
Petersilie	Prezzemolo
Qualität	Qualità
Rosmarin	Rosmarino
Safran	Zafferano
Thymian	Timo
Vorteilhaft	Benefico
Zutat	Ingrediente

Kreativität
Creatività

Ausdruck	Espressione
Authentizität	Autenticità
Bild	Immagine
Dramatisch	Drammatico
Eindruck	Impressione
Erfinderisch	Inventivo
Fähigkeit	Abilità
Flüssigkeit	Fluidità
Gefühle	Sentimenti
Ideen	Idee
Inspiration	Ispirazione
Intensität	Intensità
Intuition	Intuizione
Klarheit	Chiarezza
Künstlerisch	Artistico
Phantasie	Immaginazione
Sensation	Sensazione
Spontan	Spontaneo
Visionen	Visioni
Vitalität	Vitalità

Kunst
Arte

Ausdruck	Espressione
Ehrlich	Onesto
Einfach	Semplice
Gegenstand	Soggetto
Gemälde	Dipinti
Inspiriert	Ispirato
Keramik	Ceramica
Komplex	Complesso
Original	Originale
Persönlich	Personale
Poesie	Poesia
Porträtieren	Ritrarre
Schaffen	Creare
Skulptur	Scultura
Stimmung	Umore
Surrealismus	Surrealismo
Symbol	Simbolo
Visuell	Visivo
Zusammensetzung	Composizione

Landschaften
Paesaggi

Berg	Montagna
Eisberg	Iceberg
Fluss	Fiume
Geysir	Geyser
Gletscher	Ghiacciaio
Golf	Golfo
Halbinsel	Penisola
Höhle	Grotta
Hügel	Collina
Insel	Isola
Meer	Mare
Oase	Oasi
See	Lago
Strand	Spiaggia
Sumpf	Palude
Tal	Valle
Tundra	Tundra
Vulkan	Vulcano
Wasserfall	Cascata
Wüste	Deserto

Länder #1
Paesi #1

Ägypten	Egitto
Brasilien	Brasile
Deutschland	Germania
Finnland	Finlandia
Indien	India
Irak	Iraq
Israel	Israele
Italien	Italia
Kambodscha	Cambogia
Kanada	Canada
Lettland	Lettonia
Mali	Mali
Nicaragua	Nicaragua
Norwegen	Norvegia
Polen	Polonia
Rumänien	Romania
Senegal	Senegal
Spanien	Spagna
Venezuela	Venezuela
Vietnam	Vietnam

Länder #2
Paesi #2

Albanien	Albania
Äthiopien	Etiopia
Frankreich	Francia
Griechenland	Grecia
Haiti	Haiti
Irland	Irlanda
Jamaika	Giamaica
Japan	Giappone
Kenia	Kenya
Laos	Laos
Liberia	Liberia
Mexiko	Messico
Nepal	Nepal
Nigeria	Nigeria
Pakistan	Pakistan
Russland	Russia
Sudan	Sudan
Syrien	Siria
Uganda	Uganda
Ukraine	Ucraina

Literatur
Letteratura

Analogie	Analogia
Analyse	Analisi
Anekdote	Aneddoto
Autor	Autore
Beschreibung	Descrizione
Biographie	Biografia
Dialog	Dialogo
Erzähler	Narratore
Fiktion	Finzione
Gedicht	Poesia
Metapher	Metafora
Poetisch	Poetico
Reim	Rima
Rhythmus	Ritmo
Roman	Romanzo
Schlussfolgerung	Conclusione
Stil	Stile
Thema	Tema
Tragödie	Tragedia
Vergleich	Confronto

Mathematik
Matematica

Arithmetik	Aritmetica
Bruchteil	Frazione
Dezimal	Decimale
Dreieck	Triangolo
Durchmesser	Diametro
Exponent	Esponente
Geometrie	Geometria
Gleichung	Equazione
Kugel	Sfera
Parallel	Parallelo
Polygon	Poligono
Quadrat	Quadrato
Radius	Raggio
Rechteck	Rettangolo
Summe	Somma
Symmetrie	Simmetria
Umfang	Perimetro
Volumen	Volume
Winkel	Angoli
Zahlen	Numeri

Meditation
Meditazione

Annahme	Accettazione
Aufmerksamkeit	Attenzione
Bewegung	Movimento
Dankbarkeit	Gratitudine
Freundlichkeit	Gentilezza
Frieden	Pace
Gedanken	Pensieri
Geistig	Mentale
Glück	Felicità
Klarheit	Chiarezza
Lehre	Insegnamenti
Lernen	Per Imparare
Mitgefühl	Compassione
Musik	Musica
Natur	Natura
Perspektive	Prospettiva
Ruhig	Calma
Stille	Silenzio
Verstand	Mente
Wach	Sveglio

Menschlicher Körper
Corpo Umano

Bein	Gamba
Blut	Sangue
Ellbogen	Gomito
Finger	Dito
Gehirn	Cervello
Gesicht	Faccia
Hals	Collo
Hand	Mano
Haut	Pelle
Herz	Cuore
Kiefer	Mascella
Kinn	Mento
Knie	Ginocchio
Knöchel	Caviglia
Kopf	Testa
Mund	Bocca
Nase	Naso
Ohr	Orecchio
Schulter	Spalla
Zunge	Lingua

Messungen
Misurazioni

Breite	Larghezza
Byte	Byte
Dezimal	Decimale
Gewicht	Peso
Grad	Grado
Gramm	Grammo
Höhe	Altezza
Kilogramm	Chilogrammo
Kilometer	Chilometro
Länge	Lunghezza
Liter	Litro
Masse	Massa
Meter	Metro
Minute	Minuto
Tiefe	Profondità
Tonne	Tonnellata
Unze	Oncia
Volumen	Volume
Zentimeter	Centimetro
Zoll	Pollice

Mode
Moda

Anspruchsvoll	Sofisticato
Bescheiden	Modesto
Boutique	Boutique
Einfach	Semplice
Elegant	Elegante
Kleidung	Abbigliamento
Komfortabel	Confortevole
Minimalistisch	Minimalista
Modern	Moderno
Muster	Modello
Original	Originale
Praktisch	Pratico
Spitze	Pizzo
Stickerei	Ricamo
Stil	Stile
Stoff	Tessuto
Tasten	Pulsanti
Teuer	Caro
Textur	Trama
Trend	Tendenza

Musik
Musica

Album	Album
Ballade	Ballata
Chor	Coro
Harmonie	Armonia
Harmonisch	Armonico
Improvisieren	Improvvisare
Instrument	Strumento
Klassisch	Classico
Lyrisch	Lirico
Melodie	Melodia
Mikrofon	Microfono
Musical	Musicale
Musiker	Musicista
Oper	Opera
Poetisch	Poetico
Rhythmisch	Ritmico
Rhythmus	Ritmo
Sänger	Cantante
Singen	Cantare
Tempo	Tempo

Musikinstrumente
Strumenti Musicali

Banjo	Banjo
Cello	Violoncello
Fagott	Fagotto
Flöte	Flauto
Geige	Violino
Gitarre	Chitarra
Glockenspiel	Carillon
Gong	Gong
Harfe	Arpa
Klarinette	Clarinetto
Klavier	Pianoforte
Mandoline	Mandolino
Mundharmonika	Armonica
Oboe	Oboe
Posaune	Trombone
Saxophon	Sassofono
Schlagzeug	Percussione
Tamburin	Tamburello
Trommel	Tamburo
Trompete	Tromba

Mythologie
Mitologia

Archetyp	Archetipo
Blitz	Fulmine
Donner	Tuono
Eifersucht	Gelosia
Held	Eroe
Himmel	Paradiso
Katastrophe	Disastro
Kreation	Creazione
Kreatur	Creatura
Krieger	Guerriero
Kultur	Cultura
Labyrinth	Labirinto
Legende	Leggenda
Magisch	Magico
Monster	Mostro
Rache	Vendetta
Stärke	Forza
Sterblich	Mortale
Unsterblichkeit	Immortalità
Verhalten	Comportamento

Natur
Natura

Arktis	Artico
Berge	Montagne
Bienen	Api
Dynamisch	Dinamico
Erosion	Erosione
Fluss	Fiume
Gletscher	Ghiacciaio
Heiligtum	Santuario
Heiter	Sereno
Laub	Fogliame
Lebenswichtig	Vitale
Nebel	Nebbia
Schönheit	Bellezza
Schutz	Rifugio
Tiere	Animali
Tropisch	Tropicale
Wald	Foresta
Wild	Selvaggio
Wolken	Nuvole
Wüste	Deserto

Obst
Frutta

Ananas	Ananas
Apfel	Mela
Aprikose	Albicocca
Avocado	Avocado
Banane	Banana
Beere	Bacca
Birne	Pera
Brombeere	Mora
Himbeere	Lampone
Kirsche	Ciliegia
Kiwi	Kiwi
Kokosnuss	Noce di Cocco
Melone	Melone
Nektarine	Nettarina
Orange	Arancia
Papaya	Papaia
Pfirsich	Pesca
Pflaume	Prugna
Traube	Uva
Zitrone	Limone

Ozean
Oceano

Aal	Anguilla
Auster	Ostrica
Boot	Barca
Delfin	Delfino
Fisch	Pesce
Garnele	Gamberetto
Gezeiten	Maree
Hai	Squalo
Koralle	Corallo
Krabbe	Granchio
Krake	Polpo
Qualle	Medusa
Riff	Scogliera
Salz	Sale
Schildkröte	Tartaruga
Schwamm	Spugna
Sturm	Tempesta
Thunfisch	Tonno
Wal	Balena
Wellen	Onde

Ökologie
Ecologia

Art	Specie
Berge	Montagne
Dürre	Siccità
Fauna	Fauna
Flora	Flora
Freiwillige	Volontari
Gemeinschaft	Comunità
Global	Globale
Klima	Clima
Lebensraum	Habitat
Marine	Marino
Nachhaltig	Sostenibile
Natur	Natura
Natürlich	Naturale
Pflanzen	Piante
Ressourcen	Risorse
Sumpf	Palude
Überleben	Sopravvivenza
Vegetation	Vegetazione
Vielfalt	Diversità

Pflanzen
Piante

Bambus	Bambù
Baum	Albero
Beere	Bacca
Blatt	Foglia
Blume	Fiore
Blütenblatt	Petalo
Bohne	Fagiolo
Botanik	Botanica
Busch	Cespuglio
Dünger	Fertilizzante
Efeu	Edera
Flora	Flora
Garten	Giardino
Gras	Erba
Kaktus	Cactus
Laub	Fogliame
Moos	Muschio
Vegetation	Vegetazione
Wald	Foresta
Wurzel	Radice

Philanthropie
Filantropia

Brauchen	Bisogno
Ehrlichkeit	Onestà
Finanzieren	Finanza
Gemeinschaft	Comunità
Geschichte	Storia
Global	Globale
Grosszügigkeit	Generosità
Gruppen	Gruppi
Jugend	Gioventù
Kinder	Bambini
Kontakte	Contatti
Menschen	Persone
Menschheit	Umanità
Mission	Missione
Mittel	Fondi
Nächstenliebe	Carità
Öffentlich	Pubblico
Programme	Programmi
Spenden	Donare
Ziele	Obiettivi

Physik
Fisica

Atom	Atomo
Beschleunigung	Accelerazione
Chaos	Caos
Chemisch	Chimico
Dichte	Densità
Elektron	Elettrone
Experiment	Esperimento
Formel	Formula
Frequenz	Frequenza
Gas	Gas
Geschwindigkeit	Velocità
Magnetismus	Magnetismo
Masse	Massa
Mechanik	Meccanica
Molekül	Molecola
Motor	Motore
Nuklear	Nucleare
Partikel	Particella
Relativität	Relatività
Universal	Universale

Psychologie
Psicologia

Bewertung	Valutazione
Bewusstlos	Inconscio
Ego	Ego
Einflüsse	Influenze
Gedanken	Pensieri
Ideen	Idee
Kindheit	Infanzia
Klinisch	Clinico
Kognition	Cognizione
Konflikt	Conflitto
Persönlichkeit	Personalità
Problem	Problema
Sensation	Sensazione
Termin	Appuntamento
Therapie	Terapia
Träume	Sogni
Unterbewusstsein	Subconscio
Verhalten	Comportamento
Wahrnehmung	Percezione
Wirklichkeit	Realtà

Regierung
Governo

Bezirk	Quartiere
Demokratie	Democrazia
Denkmal	Monumento
Diskussion	Discussione
Freiheit	Libertà
Führer	Capo
Gerechtigkeit	Giustizia
Gesetz	Legge
Gleichheit	Uguaglianza
Justiziell	Giudiziario
Nation	Nazione
National	Nazionale
Politik	Politica
Rechte	Diritti
Rede	Discorso
Staat	Stato
Symbol	Simbolo
Unabhängigkeit	Indipendenza
Verfassung	Costituzione
Zivil	Civile

Restaurant #2
Ristorante #2

Abendessen	Cena
Eier	Uova
Eis	Ghiaccio
Fisch	Pesce
Frucht	Frutta
Gabel	Forchetta
Gemüse	Verdure
Getränk	Bevanda
Gewürze	Spezie
Kellner	Cameriere
Köstlich	Delizioso
Kuchen	Torta
Löffel	Cucchiaio
Mittagessen	Pranzo
Salat	Insalata
Salz	Sale
Stuhl	Sedia
Suppe	Minestra
Vorspeise	Aperitivo
Wasser	Acqua

Säugetiere
Mammiferi

Affe	Scimmia
Bär	Orso
Biber	Castoro
Elefant	Elefante
Fuchs	Volpe
Giraffe	Giraffa
Gorilla	Gorilla
Hund	Cane
Känguru	Canguro
Kojote	Coyote
Löwe	Leone
Panther	Pantera
Pferd	Cavallo
Ratte	Ratto
Schaf	Pecora
Stier	Toro
Tiger	Tigre
Wal	Balena
Wolf	Lupo
Zebra	Zebra

Schach
Scacchi

Champion	Campione
Diagonal	Diagonale
Gegner	Avversario
Klug	Intelligente
König	Re
Königin	Regina
Lernen	Per Imparare
Opfer	Sacrificio
Passiv	Passivo
Punkte	Punti
Regeln	Regole
Schwarz	Nero
Spiel	Gioco
Spieler	Giocatore
Strategie	Strategia
Turnier	Torneo
Weiss	Bianco
Wettbewerb	Concorso
Zeit	Tempo

Schokolade
Cioccolato

Antioxidans	Antiossidante
Aroma	Aroma
Bitter	Amaro
Essen	Mangiare
Exotisch	Esotico
Favorit	Preferito
Geschmack	Gusto
Handwerklich	Artigianale
Kakao	Cacao
Kalorien	Calorie
Karamell	Caramello
Kokosnuss	Noce di Cocco
Köstlich	Delizioso
Pulver	Polvere
Qualität	Qualità
Rezept	Ricetta
Süss	Dolce
Verlangen	Brama
Zucker	Zucchero
Zutat	Ingrediente

Schönheit
Bellezza

Anmut	Grazia
Charme	Fascino
Dienstleistungen	Servizi
Duft	Fragranza
Elegant	Elegante
Eleganz	Eleganza
Farbe	Colore
Fotogen	Fotogenico
Glatt	Liscio
Haut	Pelle
Kosmetik	Cosmetici
Lippenstift	Rossetto
Locken	Riccioli
Öle	Oli
Produkte	Prodotti
Schere	Forbici
Shampoo	Shampoo
Spiegel	Specchio
Stylist	Stilista
Wimperntusche	Mascara

Science Fiction
Fantascienza

Bücher	Libri
Dystopie	Distopia
Explosion	Esplosione
Extrem	Estremo
Fantastisch	Fantastico
Feuer	Fuoco
Futuristisch	Futuristico
Galaxie	Galassia
Geheimnisvoll	Misterioso
Illusion	Illusione
Imaginär	Immaginario
Kino	Cinema
Orakel	Oracolo
Planet	Pianeta
Realistisch	Realistico
Roboter	Robot
Szenario	Scenario
Technologie	Tecnologia
Utopie	Utopia
Welt	Mondo

Sport
Sport

Athlet	Atleta
Ausdauer	Resistenza
Diät	Dieta
Ernährung	Nutrizione
Fähigkeit	Capacità
Gesundheit	Salute
Joggen	Jogging
Knochen	Ossa
Körper	Corpo
Maximieren	Massimizzare
Metabolisch	Metabolico
Muskel	Muscoli
Programm	Programma
Radfahren	Ciclismo
Schwimmen	Nuotare
Sport	Sportivo
Stärke	Forza
Tanzen	Danza
Trainer	Allenatore
Ziel	Obiettivo

Stadt
Città

Apotheke	Farmacia
Bank	Banca
Bäckerei	Panetteria
Bibliothek	Biblioteca
Blumenhändler	Fiorista
Buchhandlung	Libreria
Flughafen	Aeroporto
Galerie	Galleria
Hotel	Hotel
Kino	Cinema
Klinik	Clinica
Markt	Mercato
Museum	Museo
Restaurant	Ristorante
Schule	Scuola
Stadion	Stadio
Supermarkt	Supermercato
Theater	Teatro
Universität	Università
Zoo	Zoo

Tage und Monate
Giorni e Mesi

August	Agosto
Dezember	Dicembre
Dienstag	Martedì
Donnerstag	Giovedì
Februar	Febbraio
Freitag	Venerdì
Jahr	Anno
Januar	Gennaio
Juli	Luglio
Juni	Giugno
Kalender	Calendario
Mittwoch	Mercoledì
Monat	Mese
Montag	Lunedì
November	Novembre
Oktober	Ottobre
Samstag	Sabato
September	Settembre
Sonntag	Domenica
Woche	Settimana

Tanzen
Danza

Akademie	Accademia
Anmut	Grazia
Ausdrucksvoll	Espressivo
Bewegung	Movimento
Choreographie	Coreografia
Emotion	Emozione
Freudig	Gioioso
Haltung	Postura
Klassisch	Classico
Körper	Corpo
Kultur	Cultura
Kulturell	Culturale
Kunst	Arte
Musik	Musica
Partner	Compagno
Probe	Prova
Rhythmus	Ritmo
Springen	Salto
Traditionell	Tradizionale
Visuell	Visivo

Universum
Universo

Asteroid	Asteroide
Astronom	Astronomo
Astronomie	Astronomia
Atmosphäre	Atmosfera
Äon	Eone
Äquator	Equatore
Breite	Latitudine
Dunkelheit	Buio
Galaxie	Galassia
Hemisphäre	Emisfero
Himmel	Cielo
Horizont	Orizzonte
Kosmisch	Cosmico
Längengrad	Longitudine
Mond	Luna
Orbit	Orbita
Sichtbar	Visibile
Sonnenwende	Solstizio
Teleskop	Telescopio
Tierkreis	Zodiaco

Urlaub #2
Vacanze #2

Ausländer	Straniero
Berge	Montagne
Camping	Campeggio
Flughafen	Aeroporto
Freizeit	Tempo Libero
Hotel	Hotel
Insel	Isola
Karte	Mappa
Meer	Mare
Pass	Passaporto
Reise	Viaggio
Restaurant	Ristorante
Strand	Spiaggia
Taxi	Taxi
Transport	Trasporto
Urlaub	Vacanza
Visum	Visto
Zelt	Tenda
Ziel	Destinazione
Zug	Treno

Vögel
Uccelli

Adler	Aquila
Ei	Uovo
Ente	Anatra
Eule	Gufo
Flamingo	Fenicottero
Gans	Oca
Huhn	Pollo
Kuckuck	Cuculo
Möwe	Gabbiano
Papagei	Pappagallo
Pelikan	Pellicano
Pfau	Pavone
Pinguin	Pinguino
Rabe	Corvo
Reiher	Airone
Schwan	Cigno
Spatz	Passero
Storch	Cicogna
Taube	Piccione
Toucan	Tucano

Wandern
Escursionismo

Berg	Montagna
Camping	Campeggio
Führer	Guide
Gefahren	Pericoli
Gipfel	Vertice
Karte	Mappa
Klima	Clima
Klippe	Scogliera
Müde	Stanco
Natur	Natura
Orientierung	Orientamento
Schwer	Pesante
Sonne	Sole
Steine	Pietre
Stiefel	Stivali
Tiere	Animali
Vorbereitung	Preparazione
Wasser	Acqua
Wetter	Meteo
Wild	Selvaggio

Wasser
Acqua

Bewässerung	Irrigazione
Dampf	Vapore
Dusche	Doccia
Eis	Ghiaccio
Feucht	Umido
Feuchtigkeit	Umidità
Fluss	Fiume
Flut	Alluvione
Frost	Gelo
Geysir	Geyser
Hurrikan	Uragano
Kanal	Canale
Monsun	Monsone
Ozean	Oceano
Regen	Pioggia
Schnee	Neve
See	Lago
Trinkbar	Potabile
Verdunstung	Evaporazione
Wellen	Onde

Wetter
Meteo

Atmosphäre	Atmosfera
Blitz	Fulmine
Brise	Brezza
Donner	Tuono
Dürre	Siccità
Eis	Ghiaccio
Himmel	Cielo
Hurrikan	Uragano
Klima	Clima
Monsun	Monsone
Nebel	Nebbia
Polar	Polare
Regenbogen	Arcobaleno
Sturm	Tempesta
Temperatur	Temperatura
Tornado	Tornado
Trocken	Asciutto
Tropisch	Tropicale
Wind	Vento
Wolke	Nube

Wissenschaft
Scienza

Atom	Atomo
Chemisch	Chimico
Daten	Dati
Evolution	Evoluzione
Experiment	Esperimento
Fossil	Fossile
Hypothese	Ipotesi
Klima	Clima
Labor	Laboratorio
Methode	Metodo
Mineralien	Minerali
Moleküle	Molecole
Natur	Natura
Organismus	Organismo
Partikel	Particelle
Pflanzen	Piante
Physik	Fisica
Schwerkraft	Gravità
Tatsache	Fatto
Wissenschaftler	Scienziato

Wissenschaftliche Disziplinen
Discipline Scientifiche

Anatomie	Anatomia
Archäologie	Archeologia
Astronomie	Astronomia
Biochemie	Biochimica
Biologie	Biologia
Botanik	Botanica
Chemie	Chimica
Geologie	Geologia
Immunologie	Immunologia
Kinesiologie	Kinesiologia
Linguistik	Linguistica
Mechanik	Meccanica
Mineralogie	Mineralogia
Neurologie	Neurologia
Ökologie	Ecologia
Physiologie	Fisiologia
Psychologie	Psicologia
Soziologie	Sociologia
Thermodynamik	Termodinamica
Zoologie	Zoologia

Zahlen
Numeri

Acht	Otto
Achtzehn	Diciotto
Dezimal	Decimale
Drei	Tre
Dreizehn	Tredici
Fünf	Cinque
Fünfzehn	Quindici
Neun	Nove
Neunzehn	Diciannove
Null	Zero
Sechs	Sei
Sechzehn	Sedici
Sieben	Sette
Siebzehn	Diciassette
Vier	Quattro
Vierzehn	Quattordici
Zehn	Dieci
Zwanzig	Venti
Zwei	Due
Zwölf	Dodici

Zeit
Tempo

Gestern	Ieri
Heute	Oggi
Jahr	Anno
Jahrhundert	Secolo
Jahrzehnt	Decennio
Jährlich	Annuale
Kalender	Calendario
Minute	Minuto
Mittag	Mezzogiorno
Moment	Momento
Monat	Mese
Morgen	Mattina
Nach	Dopo
Nacht	Notte
Stunde	Ora
Tag	Giorno
Uhr	Orologio
Vor	Prima
Woche	Settimana
Zukunft	Futuro

Gratuliere

Sie haben es geschafft !!

Wir hoffen, dass euch dieses Buch genauso viel Spaß gemacht hat wie uns dessen Herstellung. Wir tun unser Bestes, um qualitativ hochwertige Spiele zu erfinden. Diese Rätsel sind auf eine clevere Art und Weise entworfen, damit sie aktiv lernen und daran Vergnügen finden.

Hat ihnen das Buch gefallen ?

Eine einfache Bitte

Unsere Bücher existieren dank der Rezensionen, die sie veröffentlichen. Können sie uns helfen indem sie jetzt eine Meinung hinterlassen ?

Hier ist ein kurzer Link, der Sie zu ihrer Bewertungsseite führt

 BestBooksActivity.com/Rezension50

MONSTER HERAUSFÖRDERUNGEN !

Herausförderung 1

Bereit für ihr Bonusspiel? Wir verwenden sie ständig, aber sle sind nicht einfach zu finden. Es sind die **Synonyme** !

Notieren sie 5 Wörter, die sie in den untenstehenden Rätseln (Nummer 21, 36 und 76) entdeckt haben und versuchen sie für jedes Wort 2 Synonyme zu finden .

Notieren sie 5 Wörter aus **Rätsel 21**

Wörter	Synonym 1	Synonym 2

Notieren sie 5 Wörter aus **Rätsel 36**

Wörter	Synonym 1	Synonym 2

Notieren sie 5 Wörter aus **Rätsel 76**

Wörter	Synonym 1	Synonym 2

Herausförderung 2

Jetzt, wo sie warm sind, notieren sie 5 Wörter, die sie in jedem der untenaufgeführten Rätseln entdeckt haben (Nummer 9, 17 und 25) und versuchen sie für jedes Wort 2 Antonyme zu finden. Wie viele davon können sie binnen 20 Minuten finden ?

Notieren sie 5 Wörter aus **Rätsel 9**

Wörter	Antonym 1	Antonym 2

Notieren sie 5 Wörter aus **Rätsel 17**

Wörter	Antonym 1	Antonym 2

Notieren sie 5 Wörter aus **Rätsel 25**

Wörter	Antonym 1	Antonym 2

Herausförderung 3

Wunderbar, diese Monster Herausförderung 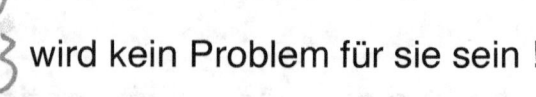 wird kein Problem für sie sein !

Bereit für die letzte Herausförderung? Wählen sie ihre 10 Lieblingswörter aus, die sie in einem Rätsel entdeckt haben und notieren sie sie unten.

1.	6.
2.	7.
3.	8.
4.	9.
5.	10.

Die Aufgabe besteht nun darin mit diesen Wörtern und in maximal sechs Sätzen einen Text herzustellen über eine Person, ein Tier oder ein Ort den sie lieben !

Tipp : sie können die letzten leeren Seiten dieses Buches als Entwurf verwenden

Ihr Schreiben :

_____

_____

_____

_____

_____

_____

_____

NOTIZBUCH :

AUF BALDIGES WIEDERSEHEN !

www.ingramcontent.com/pod-product-compliance
Lightning Source LLC
Chambersburg PA
CBHW081709120626
46550CB00010B/3072